母婴悦读汇

80后小夫妻的满分胎教

梁毓 ◎ 编著

中国人口出版社

Baby · Daddy · Mommy
Family · Love...

胎教虽不能创造奇迹,却可以激发胎儿自身的潜能,
超前一步,胎教可以让你的宝宝更优秀。
让他在生命之初接受良好有益的教育,
给宝宝最科学的教育,宝宝就是最棒的!

目录
Contents

 **80后小夫妻的必修"胎教"课** / 1

从零开始,了解胎教 / 2
何谓胎教 / 2
胎教有何益处 / 2
真正的胎教是什么 / 2
胎教的两种科学分类 / 3

胎教并非无中生有,理论依据定乾坤 / 5
胎教并非空穴来风 / 5
揭秘不为人知的胎教科学依据 / 5

实施胎教时,专家温馨提醒 / 9
适当给予胎宝宝刺激 / 9
切勿过分迷信胎教 / 9
选择适合自己的胎教方式 / 9
科学合理地安排胎教时间 / 9

胎教的必要性,让宝宝赢在起跑线上 / 10
胎教让准妈妈受益无穷 / 10
胎教对胎宝宝益处多 / 11

胎教的黄金时段,抓住胎宝宝的成长关键期 / 12
实施胎教的第一个高峰期 / 12
实施胎教的第二个高峰期 / 12

胎教,不再是准妈妈一个人的事 / 13
准爸爸参与胎教的方法 / 13

准爸爸多关心准妈妈的情绪 / 13

向我国古人学习胎教方法 / 14
　　　古人的美育胎教 / 14
　　　古人的气血胎教 / 15

提高胎教效果，我有我方法 / 17
　　　胎教之前，先学习一种放松呼吸法 / 17
　　　改变不良情绪，为胎教加分 / 18

胎教疑虑，你问我答 / 20
　　　氧气浴是否对胎宝宝有益 / 20
　　　爱吃素的准妈妈是否比爱吃荤的准妈妈更容易生女宝宝 / 21
　　　孕期听轻音乐能否让胎宝宝更漂亮 / 21
　　　三四月份出生的宝宝会更聪明吗 / 21
　　　胎宝宝是否能感受到来自母体内外的信息 / 22
　　　经过胎教后出生的宝宝学习是否会特别好 / 22
　　　胎养和胎教是否都非常重要 / 22
　　　需要每天进行胎教吗，多长时间合适 / 23
　　　胎教时胎宝宝会与准妈妈互动吗 / 23
　　　什么时候开始胎教最合适 / 23

影响胎教效果的12大行为 / 24

胎教计划很关键，提早制订不盲目 / 26

孕早期胎教计划——情绪胎教很重要 / 26
孕中期胎教计划——熏陶胎宝宝的性情 / 26
孕晚期胎教计划——平稳胎教期 / 26
手把手教你制订胎教计划 / 27

第2章 完美胎教，从认识10大主题胎教开始 / 29

常见的胎教方法，各有所长 / 30

营养胎教：给宝宝一生的健康体魄 / 32

营养胎教的定义 / 32
营养胎教的意义 / 32
营养胎教对胎宝宝有哪些益处 / 32
营养胎教有益于胎宝宝的大脑发育 / 33
营养胎教让胎宝宝健康成长 / 33
准妈妈以身作则，养成良好的饮食习惯 / 34
不适合准妈妈吃的食物及调料 / 38

情绪胎教：带给胎宝宝最好的精神养分 / 39

情绪胎教，一座沟通母婴的桥梁 / 39
让心情快乐是最好的情绪胎教 / 40

运动胎教：让胎宝宝大脑、肌肉发育更健康 / 42

运动，充满活力的胎教方式 / 42
孕期练习体操有助于胎教 / 42
易于准妈妈学习的简单瑜伽 / 44
准妈妈运动需注意以下几点 / 47

音乐胎教：妈妈放轻松，宝宝也高兴 / 48

孕龄不同，音乐选择也不同 / 48
四种音乐胎教方式 / 50
走出音乐胎教的误区 / 51

音乐胎教的益处 / 53

语言胎教：胎宝宝的语言启蒙老师 / 54
语言胎教，给胎宝宝美好的启蒙教育 / 54
语言胎教能增强亲子关系 / 55
胎宝宝爱听"妈妈语" / 56
胎宝宝喜欢准爸爸的声音 / 56
语言胎教内容应简单明了 / 57
语言胎教可采用不同语种 / 58
语言胎教要注意什么 / 59
与胎宝宝说话也需要技巧 / 59

美育胎教：母子一起感知美好事物 / 60
什么是美育胎教 / 60
美育胎教的作用 / 60
享受美育胎教的方法 / 60

抚摸胎教：从抚摸开始，让亲子关系更紧密 / 61
准妈妈的爱抚很重要 / 61
抚摸胎教，使亲子关系更加紧密 / 61
抚摸胎教应选择最佳时机 / 62
抚摸胎教的注意事项 / 62
抚摸胎教分三步 / 62
抚摸胎教有技巧 / 63

意念胎教：让想象成为现实 / 64
调整身心，开始意念胎教 / 65
一边想象，一边画画 / 65
意念胎教还可增强宝宝的认知能力 / 65

光照胎教：增强胎宝宝的视力和反应力 / 66
了解胎宝宝的视力发育情况 / 66
光照胎教的首推形式——室外活动 / 67
光照胎教的热门形式——日光浴 / 67
光照胎教的注意事项 / 68

知识胎教：培育聪明宝宝 / 69

专题1　斯瑟蒂克胎教——跟着名人做胎教 / 70
  斯瑟蒂克胎教有哪些成果 / 70
  斯瑟蒂克胎教主张——胎教从优育开始 / 70
  斯瑟蒂克胎教温馨提示 / 71
  斯瑟蒂克胎教的规则 / 73
  斯瑟蒂克胎教带给我们的启示 / 73

专题2　另类胎教，给胎宝宝的早教加分 / 74
  性格胎教 / 74
  外语胎教 / 74
  拍打胎教 / 75
  心理胎教 / 75
  肚皮舞胎教 / 75
  旅行胎教 / 76

第3章　10月怀胎艰辛并快乐着，胎教3步曲如期而至 / 77

孕早期，胎教第1步
  ——胎教习惯养成时，激发胎宝宝的潜能 / 78

孕1月（1~4周）　为胎宝宝营造美好的环境 / 78
  80后准妈妈的本月胎教主题：环境要舒适，干净应常在 / 80
  特别推荐：我们这样装扮居室 / 82
  80后准爸爸的胎教帮帮忙：当好"清洁工"和"后勤人员"的角色 / 83
  本月辅助性胎教连连看 / 84
  给胎教效果加分的生活细节 / 85

孕2月（5~8周）　你一笑，天空都万里无云了 / 86
  80后准妈妈的本月胎教主题：心平气和地度过每一天 / 88
  特别推荐：我们这样自我调节情绪 / 90
  80后准爸爸的胎教帮帮忙：做好聆听者的角色 / 91
  本月辅助性胎教连连看 / 92
  给胎教效果加分的生活细节 / 93

孕3月（9～12周） 幸福地补足营养／94

80后准妈妈的本月胎教主题：止吐开胃，让孕早期顺利度过／96
特别推荐：一套简单小动作，有效缓解孕吐反应／98
80后准爸爸的胎教帮帮忙：高度重视妻子的每日饮食／99
本月辅助性胎教连连看／100
给胎教效果加分的生活细节／101

孕中期，胎教第2步
——真正胎教进行时，营造与胎宝宝的亲密互动时空／102

孕4月（13～16周） 爸妈的声音，宝宝最爱听／102

80后准妈妈的本月胎教主题：和胎宝宝亲密接触／104
特别推荐：带胎宝宝畅游美丽水滴的小世界／106
80后准爸爸的胎教帮帮忙：与胎宝宝进行亲密"对话"／107
本月辅助性胎教连连看／108
给胎教效果加分的生活细节／109

孕5月（17～20周） 让胎宝宝和你一起做运动吧／110

80后准妈妈的本月胎教主题：伸伸胳膊、踢踢腿／112
特别推荐：读美文，带着意念在冬日漫步／114
80后准爸爸的胎教帮帮忙：和妻子一起做运动／115
本月辅助性胎教连连看／116
给胎教效果加分的生活细节／117

孕6月（21～24周） 无限风光，带着胎宝宝去旅行／118

80后准妈妈的本月胎教主题：外出旅行，周密安排／120
特别推荐：旅游胜地，一家三口出去走走／122
80后准爸爸的胎教帮帮忙：为妻子制订一个短途旅行计划吧／123
本月辅助性胎教连连看／124
给胎教效果加分的生活细节／125

孕7月（25～28周） 音乐浪潮，竖起耳朵聆听美妙旋律／126

80后准妈妈的本月胎教主题：挑选适合胎宝宝听的音乐／128
特别推荐：随着音乐翩翩起舞吧／130
80后准爸爸的胎教帮帮忙：别让音乐胎教少了你的身影／131
本月辅助性胎教连连看／132

给胎教效果加分的生活细节／133

孕晚期，胎教第3步
——胎教的关键时刻，关注胎宝宝的全面发展／134

孕8月（29～32周）　欣赏名家作品，让宝宝爱上静静的美／134
80后准妈妈的本月胎教主题：欣赏名家作品，提高审美能力／136
特别推荐：胎位不正，及时调整／138
80后准爸爸的胎教帮帮忙：给妻子拍张照吧／139
本月辅助性胎教连连看／140
给胎教效果加分的生活细节／141

孕9月（33～36周）　动静结合，和胎宝宝一起成长／142
80后准妈妈的本月胎教主题：能文则文，能武则武／144
特别推荐：著名的拉梅兹呼吸法／146
80后准爸爸的胎教帮帮忙：做好妻子的产前护卫／147
本月辅助性胎教连连看／148
给胎教效果加分的生活细节／149

孕10月（37～40周）　静心等待，迎接宝宝的到来／150
80后准妈妈的本月胎教主题：稳定情绪，耐心等待宝宝的降生／152
特别推荐：了解分娩常识／154
80后准爸爸的胎教帮帮忙：与妻子一起面对最后的分娩／155
本月辅助性胎教连连看／156
给胎教效果加分的生活细节／157

专题1　宝宝出生后，胎教效果巩固进行时／158
胎教为早教奠定了坚实的基础／158
做好早教，延伸胎教效果／159

专题2　10月孕期，胎教方案随手查／160

第4章　80后小夫妻培养宝宝5Q的胎教专栏　／　163

提高IQ（智商）·综合胎教很关键／164
营养全面均衡，助胎宝宝智力发育／164

与胎宝宝一起聆听童话故事／166
与胎宝宝一起"唱"儿歌／168
给胎宝宝讲讲动物小百科／170

提高EQ（情商）·控制情绪很重要／172

幽默相声——爱鸟／172
趣味儿童剧——新编小红帽／173
探索生活奥秘／176
和胎宝宝一起玩文字推理游戏／178
准妈妈和胎宝宝一起动起来／180

提高MQ（道德商）·哲理故事是重点／182

多读读名人趣味故事／182
给胎宝宝讲几段有趣的笑话／184
教胎宝宝欣赏优美的诗歌／186
和胎宝宝一起"学习"国学／189
准爸爸讲童话故事／191
玩玩简单数字小魔术／193

提高SQ（心灵商）·美好事物多接触／194

自制壁挂花篮／194
静静聆听名曲，享受心灵相通／195
散文赏析塑造心灵美——《歌声》／196
优秀电影观赏——功夫熊猫2／197
成语故事美化宝宝心灵／198
经典诗歌鉴赏／200
著名童话故事欣赏／202

提高CQ（创意商）·动动手脑也不错／204

学学手工制作／204
嘴巴动起来，大脑转起来／205
智力图形动手也动脑／206
仔细观察提升创意思维／208
玩转想象力，赶快来猜谜／210
大脑思维转转转／211

第1章

80后小夫妻的必修"胎教"课

> 生育子女是人生一件大事,这一时期是准爸爸和准妈妈难忘的日子,也是准妈妈百感交集的日子。为了胎宝宝,80后准爸爸和准妈妈们可要好好做胎教哦!

从零开始,了解胎教

何谓胎教

胎教,从含义上看内容较为广泛,是指怀孕期间准妈妈除了要重视自身的身体健康和营养补充外,还要了解周围环境对胎宝宝的影响,树立正确的心态和情绪体验,使得胎宝宝在孕育过程中获得良好的感应和成长。

胎教有何益处

胎教有助于准妈妈重视并加强自身的健康和营养搭配,以减少怀孕所产生的负面影响,有利于准妈妈建立平稳、积极向上的情绪,从而使准妈妈远离焦虑、消除压力。准妈妈在保持心情愉快的同时也要及时努力地改掉不良习惯,建立正面、积极的生活态度。

此外,准妈妈还可以通过了解胎教知识让自己的生活丰富起来,以积极的心态去应对怀孕中的各种不适症状,充实自己、建立自信,让怀孕成为准妈妈人生经历的一次华丽蜕变。

胎教有利于准妈妈调整身心,使身心调整到最佳状态,同时,胎宝宝也能在子宫内接收到良好的刺激,从而有利于胎宝宝的身心健康,为胎宝宝出生后建立健全、良好的亲子关系,胎教也是胎宝宝出生前的最原始的启蒙教育,对于胎宝宝出生后的人格、思想、情感的发展和形成具有莫大帮助。

真正的胎教是什么

胎教并非于一般所指的正常的教育方式。它与正常的教育方式有着本质的区别。有人会错误地以为它是通过教胎宝宝唱歌、说话、算数的一种教育方式。其实,胎教真正的目的就是让准妈妈和胎宝宝都处于一个相对良好舒适的孕育环境,使准妈妈保持良好的精神面貌和心理状态,积极主动地给予胎宝宝合理而适当的刺激信号,进而促进胎宝宝的大脑机能、神经机能以及躯体运动机能的发育,这也为胎宝宝出生后接受教育奠定了基础。

综上所述,胎教包含两个方面的内容:一是对准妈妈的教育;二是对胎宝宝的刺激。从这两方面来看,胎教应当被列入优生保健最重要的一环,而不应只是将胎教冠以"教育"之名付诸实施。准妈妈和准爸爸如何营造一个良好的孕育环境，并给予胎宝宝适当的刺激，这是生下健康可爱宝宝的前提条件。

胎教的两种科学分类

直接胎教

直接胎教是指采用适当的外部信息对胎宝宝直接刺激的一种保健教育，可促进胎宝宝神经兴奋，有利于生理和心理的健康成长，从而促进胎宝宝的大脑及精神发育，并有利于准妈妈顺利度过孕期，且是对准妈妈精神、饮食、环境等各方面都有利的一种保健措施。因为没有健康的准妈妈就不会有健康可爱的宝宝。

孕期，胎宝宝正处于各种器官组织形成和生长发育的过程，极易受到外界因素的影响，产生某些变化，中医认为："形象始化，未有定仪，因感而变，外象而内感"。所谓的受外界影响，主要是指胎宝宝很容易受母体精神、饮食、寒温等方面的影响。所以，准妈妈身心健康与否，对于胎宝宝的智力及身体顺利发育都具有至关重要的作用。由此可见，要保证准妈妈的身体健康，精神状态良好，才会有利于保胎、养胎和护胎等保健措施的实施。

间接胎教

间接胎教是指在孕期给胎宝宝创造有利于生长发育的成长环境，如加强准妈妈的精神和品德修养，采用一定的手段和措施，加强对胎宝宝的有利刺激，

➡ 了解胎教知识有利于准妈妈调整身心，使身心调到最佳状态。同时，胎宝宝也能在子宫内接收到良好的刺激，从而有利于胎宝宝的身心健康发育。

避开不利刺激，并通过母体将良好的刺激传递给胎宝宝，从而使母体和胎宝宝都具有丰富的物质、精神生活，以促进胎宝宝身心的健康发育。

　　间接胎教与直接胎教相比，更注重内在的提高，体现在品德、精神、智力以及性情方面。如陶冶情操，净化内心，通过采取一些适当的措施与方法，让准妈妈感受美好的事物，身心都处于良好的环境和氛围中，这样，可以使准妈妈神采奕奕、品德高尚、精神饱满、心情舒畅、思维敏捷，通过"外象而内感"的作用，可以间接促进胎宝宝智力、性格、性情、情绪等方面的良好发育。

　　实际上，间接胎教是建立在直接胎教的基础上，以改善准妈妈和胎宝宝的精神层面为目的的人性化胎教措施，对于胎宝宝性格的形成、智力的发育及人格的完善方面，都具有很重要的作用。

🔻 怀孕后，准爸妈经常去公园等环境优美的地方呼吸一下新鲜空气，给胎宝宝的健康成长创造一个良好的条件也属于胎教的一部分哦！

胎教并非无中生有，理论依据定乾坤

研究发现，胎宝宝具有令人惊奇的能力，而专门为此开发的胎教教育，也频频见诸报端，引起越来越多人的关注。当胎宝宝长到6个月大时，大脑细胞已基本接近成人的数量，而且能应对来自于母体内外的刺激。这说明胎教绝对不是无中生有的，给胎教的正确实施提供了理论支持和科学依据。

 ### 胎教并非空穴来风

自从胎宝宝在母体诞生以来，就能通过母体对外界获得感知，无数科学家和准妈妈也都证实过这一点，从而也为胎教的实施提出了理论依据。胎宝宝在母体渐渐发育，等到五官发育较完整时便能对来自于外界的刺激做出反应。

现代胎教的理论依据是胎宝宝和准妈妈之间存在一种特殊的心电感应。医学研究发现，胎宝宝在孕4月时就能对外面的世界获得某些感知了。准妈妈身体里所含的某些成分，如血液里的激素、某些化学成分、心脏的跳动，都会对胎宝宝的生理活动和心理活动产生一定的影响。而此时，准妈妈身体内部也会产生一系列的生理变化，有人称之为"心电感应"，其实并非真正的"心电感应"，而是介于母体和胎宝宝之间，传递神经信息，胎宝宝借助这种信息的传递，也能对一无所知的外界获得直接或间接的体验，并能感受着准妈妈的情绪变化。

胎宝宝最初是懵懂无知的，但却能通过母子之间的"心电感应"准确地读懂准妈妈的喜、怒、哀、乐等各种情绪。因此无论准妈妈如何掩饰悲伤、愤怒等不良的情绪，胎宝宝都能直接地读懂准妈妈真正的感受，同时也会产生各种胎动作为表达的载体。

准爸爸可不要以为母子之间存在"心电感应"，自己就可以不参与到胎教中来。准爸爸经常与胎宝宝沟通和交流，这样会增强自己与准妈妈和胎宝宝之间的情感依托，让胎宝宝时刻感受到亲情的温暖，准妈妈感受到幸福，胎宝宝也会感到很快乐，有利于其健康发育。

 ### 揭秘不为人知的胎教科学依据

胎宝宝无法像学龄儿童那样真正地接受教育，这也是很多人在初次接触胎教时感到迷惑不解的原因，教育是面向有一定智商的人群才能实施的，而胎宝宝既看不见又摸不到，怎样教育呢？现在就为大家解开谜团。

胎教并不是向胎宝宝生硬地"灌输"某种东西，而是对胎宝宝的感觉进行适当的刺激，以促进其健康发育。

那么，胎宝宝能感觉到刺激吗？国内外妇产科专家对胎宝宝进行了细密地观察后发现，准妈妈腹中的胎宝宝几乎每时每刻都变换着不同的姿态，这完全出乎人们的意料之外。胎宝宝在获得母体的各种信息后，运用其敏锐的感知能力，迅速将其转换为记忆。

胎宝宝在母体内约有10个月的成长时间，借助于胎盘从准妈妈的血液中获得养分进行新陈代谢，因此，准妈妈血液里的激素和其他化学成分的变化会对胎宝宝的生理和心理活动产生一定的影响。

胎宝宝具备记忆力

胎宝宝有着惊人的记忆力。医学专家认为，胎宝宝如同一座规模巨大的程序计算机，可以输入并储存大量的信息，尤其是对于反复的刺激，特别敏感。胎宝宝不仅会产生记忆，而且还能对记忆的某些东西产生一定的条件反射，这对胎宝宝出生后的生长发育都有着重要的影响。

研究人员做过这样一个试验：在分娩前3个月准妈妈每天按时听30分钟古典、流行等音乐。宝宝1岁生日时，研究人员在扩音器旁摆放了数盏闪光灯，而当宝宝向不同的闪光灯观望时，便会有不同的音乐播放出来。很快，宝宝就对其中的关系有了自己的理解，因为他们所观望的代表他们在母体内听过的音乐的闪光灯的次数明显多于其他闪光灯。这表明宝宝在出生前3个月已有足够的能力去记住一些东西。

胎宝宝具备视觉

研究结果发现，从孕4个月开始，胎宝宝对于光线就十分敏感。比如准妈妈在进行日光浴时，胎宝宝对于光线的强弱变化能够产生强烈的感觉。6个多月时胎宝宝就会产生开闭眼睑的动作，尤其是在孕期的最后几周，胎宝宝已经可以灵活地运用自己的感觉器官了。

当将光束照射在准妈妈的腹部时，胎宝宝就会睁开双眼，然后将脸转向最亮处，所看到的是一片红色的光晕。如果光线一闪一灭，胎宝宝也会随着做出眨眼等相应的动作。

胎宝宝具备听觉

宝宝刚出生难免会又哭又闹，这时，如果妈妈把宝宝抱在左胸前，宝宝会很快地安静下来。这是因为，胎宝宝在母体内时对于准妈妈心脏跳动声及血流声已经习惯。

研究结果表明，4个月的胎宝宝已经形成了初步的听觉，比如子宫血管里的血流声、肠道气体的咕噜声、猛烈的打雷声等都会产生一定的反应。6个月时胎宝宝的听力已经发育基本完全，基本上能听到来自外界的任何声音。

专家指出，胎宝宝很喜欢那些平和、流畅、温柔的音乐，厌恶那些节奏感强烈的音乐以及噪声。

胎宝宝具备触觉

胎宝宝的触觉是发育最早的，当胎动出现时，准妈妈可以试着抚摸自己的腹部，这时胎宝宝会做出一些反应。这就是抚摸胎教的理论依据。

宝宝，有了你之后，妈妈的幸福感与日俱增。

> 研究结果显示，准妈妈血液里的激素和其他化学成分的变化会对胎宝宝的生理和心理活动产生一定的影响，虽然准妈妈刚刚怀孕，但是也不要忽视胎教的重要性。

胎宝宝有各种反射能力，据研究测知，人在胎儿期已具备逃避反射、防御反射、吸吮反射、刺激性呼吸反射等动作能力。例如，当准妈妈猛然饮水时，胎宝宝会有剧烈的踢蹬运动，表示有水的感觉；如准妈妈进入声光柔和的房间，胎宝宝也会十分安静，表示适应；而准妈妈进入有噪声和阴冷的地方，胎宝宝就会用激烈的胎动来表示厌恶和不满；准妈妈不安时，胎宝宝的血氧量就会降低；准妈妈情绪激动时，胎宝宝也会出现多方面的混乱。

国内外大量的医学研究表明，胎宝宝在子宫内是有感觉、有意识、能活动的一个小生命。

既然胎宝宝有听力、视力，又有记忆力等，那么，通过胎教来促进胎宝宝大脑和身体发育完全是有可能的。

胎教就是根据这些理论基础，在孕期调节和控制母体的内外环境，有针对性地、主动地给予各种有益的信息刺激，以促进胎宝宝身心健康和智力的良好发育。

◆ 胎宝宝具有各种感知的能力，因此准妈妈要定时地给予胎宝宝一定的胎教刺激，以促进胎宝宝身心健康和智力的良好发育。

实施胎教时,专家温馨提醒

 ### 适当给予胎宝宝刺激

截止到目前,我国有关胎教失败的例子还十分罕见,但随着胎教的实施,越来越多的问题会凸显出来,引起了有关专家、学者们的重视。比如,有的准妈妈向心理学家咨询,虽然经过音乐胎教后,胎宝宝变得活泼,但精力过盛,不好好睡觉。当问及准妈妈如何进行胎教时,得知准妈妈孕期工作比较繁忙,又不想放弃胎教的机会,工作和胎教两面兼顾,所以只好每天抽出一点时间将胎教器置于腹部。有时候会因为太疲惫睡着了,而胎教器仍刺激着腹中的胎宝宝。因此,胎教应合理、适度地进行。

 ### 切勿过分迷信胎教

胎宝宝在母体内是有知觉的,并非终日昏睡。胎宝宝会因为准妈妈身体的日渐改变、情绪变化而做出相应的反应,也可以对外界的刺激,如声、光、触摸等作出反应,直到胎宝宝出生,这些记忆作为一种习惯仍旧保留着。这些都成为了实施胎教的科学依据和条件。

但有些准爸爸和准妈妈过分迷信胎教的作用,片面地认为每天进行胎教,出生后的宝宝就能变成天才和神童。然而,这种想法具有很强的唯心主义色彩,虽然现代医学为胎教的实施提供了丰富的理论基础,但决不能过度相信胎教的力量。

 ### 选择适合自己的胎教方式

并非什么样的胎教都要进行,要选择适合自己的胎教方式。准爸爸和准妈妈在选择胎教方案和计划时,应该向专业正规的专家咨询有关孕期心理、胎教早教的有关常识。以便于准爸爸和准妈妈可以早作准备,做到心中有数,选择甄别适合自己的胎教方法。

 ### 科学合理地安排胎教时间

怎样才能科学合理地安排胎教时间呢?准爸爸和准妈妈应按照不同孕期的胎宝宝发育的生理特点,循序渐进地进行胎教。胎教时间可以安排在早上、中午、晚上进行。胎教时可多种方式交替进行,如音乐胎教、抚摸胎教、语言胎教等。

胎教的必要性，让宝宝赢在起跑线上

 ## 胎教让准妈妈受益无穷

经过十个月孕育的过程，准妈妈的身体及心理都会发生一系列的变化。随着社会的日益发展，孕育宝宝的危险性已大大降低，医疗水平的发展给准妈妈和胎宝宝都提供了较好的医疗保障。

在怀孕的十个月中，实施胎教也会让准妈妈内外兼修，获得很高的内心体验和优良情绪，对提升准妈妈的思想品德、自身修养和平复心情有很大帮助。

可以提高准妈妈的个人修养

在孕育过程中，实施胎教旨在让胎宝宝受到准妈妈言传身教的影响，胎宝宝也会根据准妈妈的生活习惯和态度养成自己的一些习惯。不同的习惯和态度可以给人提供不同的处事方式和生活态度，好的习惯和态度会决定一个人的生活高度，自然也会让人终身受益。而坏习惯一旦养成，若想改掉就很困难了。胎教要求准妈妈无论是在知识、习惯、修养、性情、喜好等方面都要进行调整与提高，以便于给胎宝宝创造一个良好的熏陶环境。因此，实施胎教会潜移默化地影响准妈妈的个人修养，使其成为一位行为优雅、品德高尚的女性。

◀ 准妈妈时时刻刻想着胎宝宝，性情和习惯等也会随着调整，从而让自己变得更加开朗、自信。

生活更充实，心情更舒畅

有的准妈妈怀孕后就离开了工作岗位，如不是保胎需要，不提倡怀孕后马上停止工作，生活圈子受限，不免会感到单调，甚至造成心理落差；有的准妈妈即使继续工作，也不免因紧张的工作及受孕期的不良反应影响而心理压力增大。如果准妈妈可以加入到胎教的行列，不仅可以使生活丰富多彩，还能舒展紧张而压抑的神经，头脑也会变得清醒，心情也会自然舒畅，那些妊娠反应也会减轻很多，这样就会形成良性循环，胎宝宝也会通过母体的变化感受到外面精彩而美丽的世界。

胎教对胎宝宝益处多

胎教对胎宝宝的益处不胜枚举，如可以激发胎宝宝的智力潜能，使胎宝宝在准妈妈潜移默化的良性影响下，养成优良的性格和生活习惯，这对胎宝宝出生后的健康成长以及未来的发展都具有深远的影响。接受过胎教的胎宝宝行为特征大概有以下几点：

◎**可能会更加喜欢音乐**。受过胎教的宝宝可能会比较喜欢音乐，尤其是比较喜欢在腹中时听到的音乐。而且由于受过胎教音乐的熏陶，对音乐的节奏和音律比较敏感，学习乐器也会驾轻就熟。宝宝出生后如果经常哭闹，这时只要播放他们曾经听到过的胎教音乐便会很容易地安静下来，并能安静地入睡。

◎**一般学习兴趣会比较高**。因为接受过胎教的系统学习，他们对于儿歌、故事以及看书、写字等有时候会表现出惊人的学习能力和感悟能力，很容易接收新的知识。而这些接受过胎教的宝宝记忆能力比普通宝宝也可能要好。

◎**比较容易养成良好的生活习惯**。受过胎教的宝宝适应环境的能力较强，情绪稳定，比较易于养成良好的习惯。

◎**语言表达能力可能会比较强**。受过胎教的宝宝开口说话的时间可能会比较早。语言表达能力和理解能力也较强。

◎**性格可能会比较活泼**。受过胎教的宝宝较之一般宝宝性格可能会比较活泼，且容易理解别人的表情和语言，并能通过手势来与别人进行互动。

◎**动作协调性可能会比较好**。受过胎教的宝宝运动与感觉系统发育可能会比较早，动作的协调性较好。

胎教的黄金时段，抓住胎宝宝的成长关键期

胎教是通过教育的手段使准妈妈和胎宝宝身心更健康地发展，从而达到优生优育的目的，并给予胎宝宝有利于其智力和神经系统发育成熟的刺激。

每一位父母都望子成龙、望女成凤，都希望自己的宝宝健康成长，而有关研究结果表明，对胎宝宝进行科学、合理地胎教可以使胎宝宝建立健康、健全的人格，有利于胎宝宝智力和情商的发展。那么，何时进行胎教才能发挥胎教应有的作用呢？专家说胎教有两个黄金时段，即两个高峰期。

 ### 实施胎教的第一个高峰期

怀孕8～12周这段时间，实施胎教的关键是准妈妈要保持乐观、良好的心态。因为胎宝宝会直接地受到准妈妈情绪的影响，因此，确保准妈妈保持健康愉快的心情是这一时期胎教的关键；然后再给予胎宝宝适当的良性刺激，是这一时期实施胎教的基本内容。准妈妈可以经常听一些优美的音乐，或出门散散步，让自己时刻保持愉快恬淡的心境，并将这种良好的心态传递给胎宝宝。当然，还可以与准爸爸一起与胎宝宝做做"摇摆"游戏，即准爸爸轻轻地摇晃准妈妈的腹部，让胎宝宝在准妈妈的羊水中受到良性的刺激，以促进其神经系统的发育。

 ### 实施胎教的第二个高峰期

怀孕4～6个月是实施胎教的第二个高峰期。孕4月，胎宝宝的听觉系统开始发展，准妈妈要按照科学、合理的胎教方法，有意识地对胎宝宝进行相应的听觉训练。如给胎宝宝播放舒缓柔美的抒情乐曲，跟胎宝宝说说话、讲故事等。

孕5月，胎宝宝对光刺激能够做出反应，准爸爸可协助准妈妈进行光照胎教。孕6月，是胎宝宝各种感官的快速发育期。此阶段准妈妈可以对胎宝宝进行各种器官刺激，包括上面提到的听觉、视觉，另外，还有触觉刺激。准妈妈可轻柔地抚摸腹部，适当给予胎宝宝一定的刺激，这样便可以与胎宝宝相互呼应，而且这样也有利于胎宝宝大脑功能的协调发育，并能提高胎宝宝活动的灵活性与协调性。

胎教，不再是准妈妈一个人的事

胎教不只是准妈妈一个人的事，如果准爸爸认为胎教是妻子一个人的工作，那就大错特错了。夫妻应该共同进退，不应该冷眼旁观，因为这时的胎教可以增进亲子关系，胎宝宝在腹中也会获得父母的疼爱，获得愉快的内心体验。

准爸爸参与胎教的方法

准爸爸可以通过一系列科学、合理的动作和声音，与准妈妈腹中的胎宝宝进行对话，如在每天晚上临睡前，准爸爸可以一边抚摸准妈妈的腹部，一边对胎宝宝讲话，或讲一些美丽的小故事。如此下去，这种良性刺激会给胎宝宝带来愉快的感受，而胎宝宝也会从中受益匪浅，这种方法还是一种有效解除郁燥的安慰剂，因此更适于那些情绪欠佳或精神过度紧张的准妈妈。

准爸爸与胎宝宝对话时，并非一定要拘于某种形式，内容也可以更丰富一些，比如可以问候胎宝宝——"宝宝，你今天乖不乖呀？有没有淘气，跟妈妈作对呀？"；或批评胎宝宝——"宝宝不乖，不该跟妈妈闹脾气"等，这些都可以作为与胎宝宝的聊天内容。另外，还要仔细观察妻子的情绪反应，说些妻子喜欢听的话，通过妻子的情绪来让胎宝宝感受到父母的爱，并在平和安定的环境中生长。

准爸爸多关心准妈妈的情绪

准妈妈的情绪健康与否对于胎宝宝的身心健康发育有着直接的影响。准妈妈情绪不安、波动大、多疑都有可能导致胎宝宝的不良后果，如脑积水或唇裂等；准妈妈在怀孕后期有恐惧、惊慌等严重刺激都可能会引起腹中胎宝宝早产；准妈妈孕期压力过大可能会导致胎宝宝出生后体重轻、爱哭闹、消化功能失调等，严重者会造成胎宝宝在将来适应环境的能力低下。

准爸爸的一举一动会影响到准妈妈及其腹中的胎宝宝，因此，准爸爸要在准妈妈心情不好时，多关心她、安慰她，切记不要惹准妈妈生气。

准爸爸可以与准妈妈一起看一部温馨的电影，或者听听温柔优雅的古典音乐，或者陪伴准妈妈散散步、聊聊天，使准妈妈保持愉快的心情。这样才能让胎宝宝健康地成长，将来才能更好地适应社会环境。

向我国古人学习胎教方法

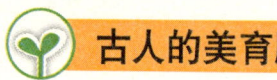 古人的美育胎教

中国的古人讲究天人合一，即注重人与环境、大自然的和谐相处，因此古人认为胎教也同样有着外象内感的理论。古人认为准妈妈每天所看到的事物是否美丽或丑陋，会直接影响腹中的胎宝宝，对于胎宝宝出生后的容貌与性格、情感、品格都有着间接影响。如良好的行为习惯、平稳的情绪和随和的性格等。

如果准妈妈对外界的事物感到美丽和善，胎宝宝也因此感受到美丽和善；如果准妈妈对外界的事物所感受到的是忧郁邪恶，胎宝宝也因此感受到忧郁邪恶。美育作为中国古代育儿方法中的最主要的方法，也是胎教中最关键的方法之一。

中国古代的美育胎教认为，准妈妈可每日观看美丽的风景、画、日出、美文美诗、美的音乐，以便于使准妈妈能沉浸在美好的情景之间，让心灵获得一种通达和圆满。历史上也有记载，周文王的母亲对于美育胎教就极其重视："目不视恶色，耳不听淫声"，"食不邪味"，而且经常静坐着欣赏美玉；宋代陈自明也有手书，说："欲子美好，玩白璧，观孔雀。"意思是说想要让孩子长得漂亮，可以经常观看美丽的白玉以及欣赏优雅、漂亮的孔雀。白玉品质柔嫩可使观看的人心境温柔平和，而且其晶莹剔透会让人有一种明朗感；孔雀外形优美大方，羽翼多彩缤纷，准妈妈经常观看能心明眼亮。因此，对外界美好事物的感悟以及美丽的情怀会对腹中的胎宝宝产生潜移默化的影响，胎宝宝也会长得美丽端庄，对美也会有自己特有的感悟力。

快乐孕期快乐胎教

胎教要从孕前开始

我国古代的先人们已经总结出了很多经验。从广义上来说，胎教应该从孕前准备开始。怀孕是精子和卵子的结合，新生命在此刻宣告来临。而精子和卵子的发育和成熟在此之前就已经开始。那么，要使得精子质量最佳，孕育出健康的后代，胎教应该在孕前3个月时开始。准妈妈子宫内的温度、压力决定着胎宝宝生长的环境，良好的环境也需要提前创造。但也有人认为真正意义的胎教应从怀孕后开始，其实两者并不矛盾，任何时期开始胎教，都有良好的意义，准爸爸、准妈妈不必拘泥于时间。

⬆ 中国古代的美育胎教认为,准妈妈可每日观看美丽的风景、画、日出,读美文美诗,听美妙的音乐,以便于能沉浸在美好的情景之间,能对胎宝宝产生潜移默化的影响。

🌱 古人的气血胎教

气血胎教

　　古人根据长期的生活经验总结认为,宝宝的性格、智慧、健康,都"肇自血气(源于人的血气)",而且与准爸妈的先天遗传有很大的关系,与准妈妈孕期的生活作息和调理也有着很大的相关性。先天的遗传因素很难改变,但保证准妈妈在孕期拥有愉快的心情、和顺的血脉、畅通的气流、安稳的脾气,并消除不良情绪,在吃、穿、行、睡、站、坐、与人谈笑等生活起居、为人处事方面保证身心愉快,生下的宝宝也会品行端正、身体健康。

宋代名医的气血胎教观点

　　宋代名医陈文中在《小儿病源方论》一书中着重强调准妈妈必须重视孕期的饮食起居,并且认为准妈妈适当地参加劳动会对胎宝宝有诸多好处:"儿在腹中,其母作劳，气血功用，形得充实……且易生产。"意思是说，准妈妈适当地从事些体力劳动，可有利于改善气血，对于气血调和极有益处，能使身体强壮，免疫力提高，而且日后分娩也会更容易。

陈文中在书中还谈到家庭富裕的女子在怀孕时所遇到的一些问题，如："豪贵之家，居于奥室，怀孕妇人，饥则辛、酸、咸、辣无所不食，饱则恣意坐卧，不劳力，不运动，所以腹中之日，胎受软弱，儿生之后少有坚实也。"这是说富贵的女子因为家庭条件好，所居住的房子都是又深又大，阳光很难晒到，对于饮食往往很随意，酸甜咸辣也不忌口，吃饱后就休息也不劳动干活，更懒得运动，气血就会变得淤滞，所以胎宝宝也会变得体弱多病。

明代名医的气血胎教观点

明代名医张景岳的《景岳全书》认为，出现胎气不安现象的原因是："盖胎气不安，必有所因，有虚有实，或寒或热，皆能为胎气之病。"意思是说胎宝宝出现的不安现象，一般都与准妈妈的饮食起居不当有关，准妈妈营养不当，身体过虚或过实，都可能是因为准妈妈寒热没有调理好而导致身体受寒或受热，从而引起胎气不安的情况。

清代名医的气血胎教观点

清代名医陈复正在《幼幼集成》中谈到，富贵生活及饮食起居不当所带来的危害，并进行了详细地说明和分析："夫高粱者，形乐气散，心荡神浮，口厌甘肥，身安华屋，卧养过浓，身质娇柔，而且珠翠盈前，娆妍列侍，纵熊罴之叶梦，难桂柏以参天。"这句话是说富贵人家的女子，生活衣食无忧，心神容易游荡分散，血气就极易散失，虽然吃的是山珍海味，住的房子宽敞明亮，但因为总是躺着卧着，休养过甚，且随时有人侍奉，从不劳作，体质也会变得异常羸弱，即使有想生育健康宝宝的愿望，也很难如愿。而那些贫贱之家，因为"形劳志一，愿足心安"（身体处于劳动的状态，内心觉得很满足、很快乐，并没有过分的想法），所以能"胎婴自固"（胎宝宝也能身体健康结实）。

《幼幼集成》中还谈到了准妈妈的心态不佳对胎宝宝产生不利的影响："复有痴由贪起，利令智昏者；有雪案萤窗，刳心喷血者；有粟陈贯朽，握算持筹，不觉形衰气痿者；有志高命蹇，妄念钻营，以致心倦神疲者。"这句话的意思是说，有的准妈妈因贪心只顾眼前利益而丧失智慧，或为追求自己的事业操劳而呕心沥血，不顾心虚体弱，就会精神疲倦，导致胎宝宝气血失调、先天不足而引发疾病，因此，必须谨慎对待。

提高胎教效果，我有我方法

胎教之前，先学习一种放松呼吸法

这种呼吸法开始于胎教训练之前，可缓解和稳定准妈妈的紧张情绪，并能集中其注意力。

练习这种呼吸法时，场所并不固定，床上、沙发上、地板上皆可进行。准妈妈全身要尽量放松，使腰背舒展，双目微闭，手可放在身体两侧和腹部。衣服以适当宽松为宜。

开始之前，做好准备，以鼻吸气，以5秒钟为标准，并在心里默数1、2、3、4、5……然后再进行吸气。这种情况也因人而异，一般情况下肺活量大的人可维持6秒钟，而肺活量小的人可维持4秒钟即可。

吸气时，尽量将气体储存在腹中，然后再将气体通过口或鼻呼出来。要领是要缓慢地、平静地呼出来。而呼气的时间则要多于吸气的时间，平均是2倍左右。换句话说，如果吸气的时间是5秒，呼气的时间则应维持在10秒左右。如此保持下去，约5~10分钟后，心情就会感到格外平静，头脑也会变得异常清醒。练习这种呼吸法的时候，要做到冥想，心无杂念，尽量不去想无关紧要的事情，将意念集中在呼气和吸气上。随着训练的进行，一旦养成了习惯，注意力自然也就集中了。

这种呼吸法可在准妈妈每天早上、中午、晚上各进行一次，可改善胎教前注意力不集中的问题，还能进一步改善并提高胎教效果。

➡ 准妈妈在练习这种呼吸法时，要做到心平气和、心无杂念，以提高胎教效果。

改变不良情绪，为胎教加分

一般情况下，准妈妈的情绪与心理状态的好坏都会对胎宝宝的心理发展造成一定程度的影响。而这些情绪也会对将来胎宝宝出生后的性格产生一定的影响。那么，哪些情绪准妈妈要避免呢？

▶ 准妈妈经常喝牛奶，可起到一定的安神功效，还有助于改善准妈妈的坏情绪。

焦虑

准妈妈在孕期时会不同程度地产生各种焦虑情绪，比如为宝宝的将来担心，为宝宝将来的教育担心，为怀孕可能丢失工作而担心，同时也为自己日渐臃肿的身材而担心。其实，准妈妈在孕育新生命时，会为宝宝和自己的未来担心忧虑等都是在所难免的。这些不良情绪极易会导致准妈妈产生抑郁、消极的心理。而时间长了，也会对腹中的胎宝宝产生负面的影响。比如胎宝宝出生后可能会形成胆小的性格，经不起困难和挫折。这些都是受到准妈妈不良情绪所影响的。

解决之道

当准妈妈发现自己正在陷入焦虑、担忧的坏情绪时，可及时调整自己的情绪，比如通过看书或听音乐等方式来转移注意力，以舒缓紧张的情绪。准妈妈必须保持乐观、开朗的心态才能有助于给胎宝宝提供一个安详而舒适的内环境。

多愁善感

孕期准妈妈会经常遇到一些烦心事，但很多准妈妈本来的性格就是多愁善感，再加上一些不开心的事，就更容易郁郁寡欢、心情郁闷了，殊不知，这样的不良情绪会直接传递给胎宝宝。准妈妈经常哭泣、唉声叹气、悲伤易怒，胎宝宝出生后也可能会变得胆小怕事、自卑等。

解决之道

最好的方法就是转移注意力，比如准妈妈可以看一些令心情愉快的电影、电视节目等，或者找个人倾诉聊天等，都是发泄不良情绪的有效方式。

恐惧

有些准妈妈想象力比较丰富，比如看了恐怖片或一些侦探小说，就会变得胆小多疑。一个人闷在家里，总会担心有人突然袭击；或者担心半夜有贼侵入，睡眠质量就难以保证。这种情况会间接影响到胎宝宝的身心健康，不利于生长发育。准妈妈长期处于这种恐惧的心理状态之中，就容易使胎宝宝形成偏执、内向、自卑的性格。这样的宝宝长大后也难以与别人友好相处。

解决之道

准妈妈尽量不要看恐怖片或侦探小说，尤其是晚上，因为晚上看容易使大脑神经兴奋，导致难以安眠，这样对胎宝宝的身心健康很不利。

愤怒

孕期准妈妈的情绪极不稳定，往往会因为一些琐事跟别人大吵一架，虽然准妈妈发火之后，心情是痛快了，但对胎宝宝的危害却是很大的。研究表明，准妈妈经常动怒所生出的宝宝也往往是性格偏执、容易情绪化且自私自利的宝宝。

解决之道

准妈妈一旦遇到令自己恼火的烦心事时，可以心平气和地坐下来，先冷静一下，喝一杯水，切不可动怒、乱发脾气，等情绪稍稍稳定下来后，心情也就舒缓了许多。

快乐孕期快乐胎教

给胎教创造良好的内环境

胎教即营造良好的"胎内环境"，孕期准妈妈不断地努力改善自己的身心健康与外在环境，也就是为胎宝宝提供一个优越、舒适、稳定的内在环境，使胎宝宝在良好的环境下成长，这有利于胎宝宝的身心健康发育。

许多的胎教方式都包含了美的元素。譬如音乐胎教即听着优美轻柔的音乐，营养胎教即食用有营养且有助于健康的食物等。无论准妈妈选择哪一种胎教方式，都要记得维持良好的作息时间，使生活有规律，按部就班、循序渐进地进行，并保持良好的情绪和心理状态，这才是实施胎教的关键所在。

胎教疑虑,你问我答

每一对父母都希望生下一个聪明、健康、漂亮的宝宝,为了达到这个愿望,很多准妈妈费劲心思搜集一些胎教说法,而这些说法值得相信吗?让专家来告诉你,究竟什么样的胎教方法才是科学的。

氧气浴是否对胎宝宝有益

氧气浴,顾名思义就是在充满氧气的地方漫步或者休息,享受大自然所赋予的自然灵气。氧气浴也是胎教方式的一种,如果准妈妈没有孕期不适症状纠缠,往往可选择到大自然中散散步或在林荫下小憩一会儿。因为这种地方往往氧气比较充足,阳光

准妈妈经常在充满氧气的地方休息,享受大自然所赋予的自然灵气,也是一种不错的胎教形式,尤其在孕早期,准妈妈在室外氧气充足的地方练练孕妇瑜伽,可以很好地缓解早孕反应。

却不是很强烈，准妈妈在这里深呼吸则可以为胎宝宝输送丰富的氧气，有助于胎宝宝更好地生长发育。

准妈妈在进行氧气浴时需要注意呼吸的方法，其中利用腹部肌肉进行腹式呼吸是对胎宝宝最有好处的呼吸方式。因为腹式呼吸所吸入的氧气量要比胸式呼吸大得多，这样才能保证向胎宝宝输送更多的氧气。另外，腹式呼吸有助于锻炼腹肌，还能有效减轻腹部周围的疼痛感。

准妈妈在进行腹式呼气时，仅仅依靠鼻子吸入空气是不够的，还应当借助腹部的力量。吸气时要注意深入且缓慢的进行，当感觉到空气已经抵达腹部时，再深吸一口气，不要快速地将气体吐出来，应做到心平气和地呼气、吸气，吸气与呼气的间隔以3秒钟为宜。如果准妈妈腹部过于用力，可能会引起腹部疼痛，因此腹式呼吸时用力要适当。准妈妈若感到身体有疲惫感，应立即停下来休息。

爱吃素的准妈妈是否比爱吃荤的准妈妈更容易生女宝宝

一个卵子发育成男孩或女孩，取决于使之受精的精子是含Y染色体，还是含X染色体。女性的性染色体是XX，只能形成一种卵子：即含一条X染色体的卵子。而男性的性染色体是XY，可形成两种精子，即含X染色体精子或含Y染色体精子。如果是X精子和卵子结合，则受精卵中的一对性染色体为XX，胎宝宝发育为女性；如果Y精子与卵子结合，则受精卵中的一对性染色体为XY，胎宝宝发育为男性。由此可知，生男育女决定于男性的精子所携带的性染色体是X，还是Y，而与准妈妈吃素还是吃荤没有必然关系。

孕期听轻音乐能否让胎宝宝更漂亮

有些人认为孕期准妈妈多听轻音乐能够让胎宝宝的模样更漂亮、俊俏，可事实并非如此。专家建议孕期时准妈妈多听一些轻音乐，是因为音乐可以让准妈妈保持一个良好的心情，同时也有利于胎宝宝良好心态的养成，并能陶冶胎宝宝的情操，但认为听轻音乐能让胎宝宝更漂亮的说法并无科学依据，也不足为信。

三四月份出生的宝宝会更聪明吗

很多人认为三四月份出生的宝宝会更聪明，因为夏天是最佳的怀孕时机，且夏天的水果较为丰富，有利于胎宝宝的生长发育。从科学角度上来看，这完全属于无稽之谈，因为宝宝聪明与否与父母先天的遗传因素及后天的培养教育有关。另外，怀孕期间，准妈妈若多吃点坚果类的食物以及含碘丰富的食物，则可促进新陈代谢、提高机体的抗病能力，且具有一定的补脑健脑作用。

胎宝宝是否能感受到来自母体内外的信息

胎教固然流行，但也有很多准妈妈对胎教持怀疑态度，认为胎宝宝不过是正在发育的一个胚胎，他怎么可能感知到来自母体内外的各种信息呢？科学家所给予的回答则是肯定的。胎宝宝4个月时，便有了听觉，准妈妈可以感觉到胎动。5个月时，胎宝宝可以对光刺激做出反应。孕6月则是胎宝宝感觉器官发育最快的时期，视觉、听觉、味觉、嗅觉等各感觉器官的神经细胞得到全面发展。

经过胎教后出生的宝宝学习是否会特别好

经过胎教的宝宝学习并不一定好或不好，但科学合理的胎教方法可以给胎宝宝提供健康生长发育的环境，首先，胎宝宝的视觉、听觉在受到规律的刺激后，其大脑神经细胞会持续不断地增殖；其次，胎宝宝正处于大脑神经系统发育的过程中，准妈妈接受到外界良好的刺激后易保持良好的心态，这样的心态会间接影响胎宝宝的身体发育，有利于胎宝宝的智力、个性的发育，从而达到优生的目的。

胎教内容很丰富，包括情感、艺术、形象和声音等，对于促进胎宝宝右脑的发育极为有利，胎宝宝的右脑具备感知音乐、绘画的能力，实施胎教后对于提高胎宝宝出生后大脑的灵敏性至关重要；还可丰富胎宝宝的情感、提高其形象思维的能力，提升胎宝宝对直观事物的正确判断能力。另外，胎教可以带给胎宝宝鲜活的信息刺激，具有怡情养性的作用，对于胎宝宝的大脑细胞健康发育极有好处。

胎教十分重视情感化和形象化的训练，这将有利于胎宝宝出生后学习语言和知识能力的提高，也能充分调动其左脑的功能，使左右脑协调发育，大脑功能得到互补。

胎养和胎教是否都非常重要

胎养是对胎宝宝进行的日常养护，准妈妈在日常生活中要十分注重自己的饮食起居及用药等方面细节，以保证胎宝宝健康地成长。营养胎教即为其中的一种，准妈妈要讲究饮食调理，不可偏食，在注重口味的同时更要合理搭配食物的营养，做到营养全面均衡，使胎宝宝也获得充足的营养补充。

胎教是对胎宝宝进行的教养，准妈妈要注重个人的情绪、心理状态、言行举止等，通过母子之间的"心电感应"，使胎宝宝获得优良的教化和熏陶。其中，准妈妈保持良好的情绪状态，有利于给胎宝宝创造一个舒适的生活环境。胎宝宝的健康发育，不仅需要一定的营养物质补充，还需要有利的精神刺激。因此，胎教与胎养均不可或缺，准妈妈和准爸爸要两手抓、合理把握，切记不可疏忽其一。

需要每天进行胎教吗，多长时间合适

如果准妈妈和准爸爸都希望能收到良好的胎教效果，则必须持之以恒、天天实践。这个道理就如同小学生学习新知识——"三天打渔、两天晒网"、半途而废则是要前功尽弃的。但不同的胎教方式有不同的时间规定。如音乐胎教，则以每天2次为宜，每次以20分钟为宜；抚摸胎教以每天2次为宜，每次5分钟即可。

胎教时胎宝宝会与准妈妈互动吗

进行胎教时，胎宝宝是会与准妈妈互动响应的，最典型的例子就是"踢球游戏"。一开始，准妈妈在有胎动的地方（腹部）轻轻拍打；当胎宝宝习惯后，准妈妈可在胎动以外的地方（腹部）轻轻拍打，这时胎宝宝会自动地踢向新的地方。但有一点需要格外注意，准妈妈转向别的地方轻轻拍打时，间隔的距离不宜太远。

什么时候开始胎教最合适

自怀孕5个月开始，胎宝宝的内耳已经基本发育完成，具备了听觉能力，这时就可以开始接受语言和音乐胎教了。而抚摸胎教一般也从孕6月开始，因为这时的准妈妈能够比较清晰地触摸到胎宝宝的肢体了。孕7月后，胎宝宝的大脑开始发育，此时是胎教的冲刺阶段。

↪ 准妈妈应经常进行抚摸胎教，这对胎宝宝的成长有一定的益处。

快乐孕期快乐胎教

注意生活中的细节

◎避免戴隐形眼镜：怀孕后，女性的角膜含水量比孕前高。准妈妈若戴隐形眼镜，很容易导致角膜水肿，引发角膜炎等眼部疾病。

◎避免拔牙：准妈妈在孕1～3月和孕8～10月这两个阶段不能拔牙，否则容易诱发流产或早产。

影响胎教效果的12大行为

　　胎教会影响母婴的身心健康，实施胎教一定要采取科学合理的方式。以下几种胎教方法是不正确的，准妈妈一定要时刻警惕。

❌**孕期减肥**。孕期准妈妈的体重会增加、身材易走形，有些准妈妈为了保持身材，就会吃减肥药，喝减肥茶，减少营养的摄入，这样将不能为胎宝宝补充足够的营养，对胎宝宝的生长发育极其不利。

❌**经常吃速食**。速食食品包括方便面、汉堡、炸薯条等，虽然食用起来很方便，但因为这类食品添加了防腐剂等化学物质，准妈妈应尽量少食，以免对胎宝宝产生不利的影响。

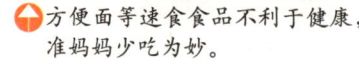
⬆方便面等速食食品不利于健康，准妈妈少吃为妙。

❌**睡眠时间过长**。准妈妈保证充足的睡眠时间对母婴都有益，但不可片面地认为准妈妈睡眠时间越长越好。整天在家里睡觉会让准妈妈的体重快速增加，长期下去，心情也会受到一定的影响。准妈妈可白天出去散散步，晚上保证充足的睡眠即可。

❌**睡懒觉**。准妈妈应避免睡懒觉或改掉贪睡的生活习惯，白天睡眠时间过长，晚上就会睡不着，久而久之会形成恶性循环。准妈妈应该保持良好的睡眠作息规律，心平静气地入睡。

❌**居住环境没有绿色植物**。居住场所缺乏绿色植物的装点，一是会显得单调、乏味，了无生机；二是没有植物的光合作用，则会缺乏新鲜的空气。故准妈妈可以多养植一些绿色植物，如盆栽等。

❌**喝酒**。准妈妈在准备怀孕前就应禁止饮酒，因为酒精会通过准妈妈的血液对胎宝宝造成一定的伤害。

❌**抽烟**。烟中含有大量的有害物质会直接作用于准妈妈，从而影响到胎宝宝的身体健康，严重者还会使胎宝宝的身体畸形。因此，家庭成员要戒烟，为胎宝宝创造一个有利的成长环境，使胎宝宝健康成长。

❌**常去购物**。一些购物环境人多拥挤、空气浑浊，这样的环境往往不利于胎宝宝的生长发育。因此，准妈妈应尽量少去这样的购物场所。

❌**独自在家**。准妈妈不要整天待在家里，时间久了，就会感到孤独，这种不良情绪也会直接影响到胎宝宝。准妈妈可经常出去散散步或跟朋友聊聊天,以疏解内心的紧张情绪,对胎宝宝的生长发育也有好处。

❌**乘坐拥挤的交通工具**。准妈妈怀孕后还继续上班,早晚上下班一定要避开高峰时间,以免拥挤对胎宝宝产生不利。最好是早出门、晚些回,也可让丈夫适当接送。

❌**总把自己当"女王"**。准妈妈通常会错误地以为孕期不该做体力活,因此会把事情推给家里人去做,虽然这样做可以得到更多的休息,但长时间不干体力活会让胎宝宝产生惰性,反而不利于胎宝宝的成长。因此,准妈妈可以做些力所能及的家务活,以利于胎宝宝的健康成长。

❌**夫妻不和**。准妈妈与胎宝宝紧密相连,是一个统一的整体,准妈妈的情绪好坏直接影响到胎宝宝,当准妈妈大吵大闹时,胎宝宝也会变得不安,因此,准爸爸要多体谅和理解准妈妈,创造一个温馨和睦的家庭环境,这样才有利于胎宝宝健康成长。

准妈妈的情绪好坏直接影响到腹中的胎宝宝,当准妈妈大吵大闹时,胎宝宝也会变得不安,因此,准爸爸要多体谅和理解准妈妈,两人要多沟通交流,不要因为一点儿小事就争吵。

胎教计划很关键，提早制订不盲目

准妈妈和胎宝宝之间存在着特殊的联系，准妈妈可以将各种信息传递给胎宝宝，通过这些信息使胎宝宝感知到准妈妈的思想，准妈妈如果求知欲强，胎宝宝也会经常思考；准妈妈如果懒散，胎宝宝也会变得不爱思考。胎教是一件需要持之以恒、循序渐进的事，因此，准妈妈一定要坚信胎教，并且提早制定胎教计划。

孕早期胎教计划——情绪胎教很重要

孕早期准妈妈的妊娠反应比较强烈，情绪波动也较大，容易造成烦躁、易怒、焦虑等不良情绪，可通过引导和疏解等方法来缓解过于紧张的神经，忘掉烦恼和忧虑，创造一个良好的环境，保持良好的心态，有利于胎宝宝身心的健康发育。

准妈妈可以做一些调整情绪的事情，如聆听古典音乐和轻音乐，看轻松愉快的电影，阅读自己喜欢的书籍，或者去丛林里漫步，都是不错的选择。无论准妈妈做什么，都必须以对自身情绪有积极影响为准，切忌看一些惊悚、刺激的小说、电影，尽量选择健康、幽默的作品。

孕中期胎教计划——熏陶胎宝宝的性情

这个时期准妈妈能感觉到胎动，说不定小宝宝已迫不及待地想跟爸爸妈妈进行交流了，准爸爸和准妈妈可以及时向胎宝宝传递信息，比如可采用音乐胎教、美育胎教来陶冶胎宝宝的情操。音乐和美育胎教不仅能带给准妈妈愉快的内心体验，还有助于胎宝宝养成温和、自信的个性，并能促进胎宝宝右脑的开发。

在这个阶段，胎宝宝的身体进一步发育成熟，对来自外界各种刺激的反应更为强烈。当有自然光照在准妈妈的腹部时，胎宝宝的头部也会随之转向光照的方向，而且其心率还会发生一定程度的改变。当准妈妈抚摸肚子时，胎宝宝也能做出反应。因此，这个时期需要定时、定量的光照胎教和抚摸胎教。

孕晚期胎教计划——平稳胎教期

孕晚期准妈妈因为臃肿的身材而显得动作笨拙，也会造成诸多不便。许多准妈妈因怕辛苦会放弃孕晚期的胎教训练，这样极易影响前期胎教训练的效果。因此，准妈妈在孕晚期最好不要轻易放弃胎教，只需按照平时的方式进行胎教即可，但需量力而为。

手把手教你制订胎教计划

孕前的胎教计划

想要生一个健康、聪明、可爱的宝宝，女人在备孕期就要注重自身的健康，给孕育宝宝提供一个良好的生长内环境。这样不仅有利于受孕，还可孕育出各方面素质都较强的宝宝。

1～4周的胎教计划

这段时期准妈妈要继续听音乐，看看轻松的电影，也可以写写孕期日志，同时准妈妈还应注意多休息，营养更要及时补充。因为准妈妈此时担负着两个人的营养需求，尤其要多吃一些富含无机盐、维生素的食品。

5～8周的胎教计划

这段时期准妈妈除了听音乐和写日志之外，还要经常与胎宝宝对话、聊天，及时传递更多的信息。因为这一时期的胎宝宝大脑神经细胞正在发育，这些信息将有助于胎宝宝大脑神经细胞的发育。此时还应注重营养和运动的结合。

9～12周的胎教计划

这段时期与前2个月的胎教计划相同，准妈妈除了要多听音乐、写孕期日记之外，更要细心呵护胎宝宝，努力感受胎宝宝的存在，故此时准妈妈可适当跟胎宝宝说说话、抚摸自己的肚子。

13～20周的胎教计划

这段时期准妈妈可通过语言聊天的方式来培养胎宝宝的思维，因为此时胎宝宝的大脑神经系统已经开始发育，可以培养胎宝宝对语言的兴趣。同时准妈妈也要保持良好的情绪，时刻保持愉悦心情，学会自测胎动。此阶段可以让宝宝进行日光浴，接受简单的自然光照刺激。

21～24周的胎教计划

这段时期的胎宝宝已经可以对光照进行反应，准爸爸准妈妈可以利用自然光或手电，对胎宝宝进行光照刺激。但注意不要用手电强光直接照射准妈妈的肚子。同时，可以传达给胎宝宝自己的爱意。这段时期是胎宝宝思维形成的重要时期，准妈妈要经常展开丰富的联想，这对于胎宝宝将来的形象思维和逻辑思维都有益处，还能提高胎宝宝将来的创新思维能力。准妈妈还要经常跟胎宝宝聊天或者讲一些经典励志的故事，讲话或讲故事时要做到形象生动，尽量将更详尽的信息传递给胎宝宝。这个阶段，胎宝宝的听觉、视觉、嗅觉、触觉发育都进一步完善。准妈妈可适时进行音乐胎教、语言胎教和抚摸胎教等。

25～32周的胎教计划

色彩训练是这一时期的主要任务，准妈妈要多用一些色彩鲜明的事物对胎宝宝进行适当的刺激。这一时期的胎宝宝右脑构造基本发育完成，视觉功能已经开启，所以准妈妈可以对其进行色彩训练。同时进行音乐、语言、抚摸胎教等。

33～40周的胎教计划

这段时期是孕期的关键时期，准妈妈要适当做做保健体操，且作息要有规律，保证充足的睡眠，早睡早起，以帮助胎宝宝建立规律的生物钟。

快乐孕期快乐胎教

准妈妈每日胎教计划小示范

时间	生活内容
6：30	起床，洗漱，准备早饭（向胎宝宝问早晨好）
7：30	吃早饭，收拾餐桌
8：30	打扫房间（边打扫房间边哼唱歌曲）
9：30	工作时间（如果准妈妈不用上班，就做一些自己认为有意义的事情）
12：00	午餐时间
12：30	如果有条件，小睡一会儿
13：00	工作时间
17：30	休息一会，休息时给胎宝宝讲讲故事、描述一下大自然、听听音乐等
18：30	准备晚饭
19：30	吃晚饭，收拾餐桌
20：30	与准爸爸散步、聊天、交流感情
21：30	读书
22：30	睡觉，并和胎宝宝道晚安

第2章

完美胎教，从认识10大主题胎教开始

> 做好胎教，首先要了解胎教，认识胎教，本章主要从认识10大胎教开始。让在孕期百感交集的80后准妈妈和准爸爸调节好心态，做好胎教工作。

常见的胎教方法，各有所长

目前，胎教已成了众说纷纭的话题，每个准妈妈都应学会在漫长的孕期中给自己的胎宝宝选择几项合适的胎教。以下是几种最基本的胎教形式。下面邀请准妈妈及准爸爸们一同来了解这几种常见的胎教方法吧！

胎教类别	概念	注意事项	实施意义
环境胎教	指导备孕夫妻在受孕前6个月至整个孕期学习环境卫生知识，是养胎、护胎的一种有效方式。	◎要避免进入强辐射的环境。 ◎避免X光照射，远离或调离有毒、有害的行业。	280天的孕期，胎宝宝的健康与否与父母的遗传基因、孕前准备、营养供给等因素有关。宝宝健康成长需要良好的内环境和外环境。
音乐胎教	通过对胎宝宝传输优雅而古典的音乐声波，促使其脑神经和心智发育完善。	给胎宝宝听音乐的时间应以每次不超过30分钟为宜，一天1～2次。注意不要贴着准妈妈的肚子。	音乐富有节奏在给准妈妈带来快乐的同时，也能直接对胎宝宝的生理活动产生良好的影响，胎宝宝能从音乐的节奏感中接受到良好的教育。
营养胎教	合理指导准妈妈在孕期摄取充足的营养素，结合食疗的方法来改善孕期不适感，并保障胎宝宝的营养供给。	准妈妈盲目地以保健品代替日常饮食，且饮食中荤素搭配、粗细搭配不合理等。这都对准妈妈和胎宝宝的健康无益。	有助于分娩，为产后的哺乳做好准备，并避免母婴双方营养不良。
情绪胎教	对准妈妈的情绪进行调节并创建一个平和、清新的心境。	准妈妈在遇到情绪波动时，要自行改善和调节。	不良情绪会对神经系统造成一定的危害，从而会影响准妈妈的内分泌系统。

(续表)

胎教类别	概念	注意事项	实施意义
语言胎教	准妈妈和准爸爸用语言跟胎宝宝进行沟通交流,以促进亲子关系,从而提高胎宝宝的语言和智力发育。	◎胎教时要专心致志,不能半途而废。 ◎要兼顾胎宝宝的反应。	准妈妈的言行举止会对胎宝宝产生很大的影响。
运动胎教	准妈妈要多进行体育锻炼以保证身体健康,促进顺利分娩。	注意锻炼的幅度不要太大,不要碰撞到腹部。	有益于准妈妈和胎宝宝的身心健康。
抚摸胎教	准妈妈有意识、有规律、有计划地抚摸腹部,有利于促进胎宝宝的感觉系统发育。	抚摸的时间及频率不要过多,动作要轻柔,以免频繁的皮肤接触使胎宝宝感到疲倦。	人类的皮肤遍布神经末梢,这些神经末梢十分敏感,可以帮助胎宝宝对外界的环境迅速作出反应。
光照胎教	给胎宝宝以适当、温和的光亮刺激,以促进胎宝宝视网膜光感细胞功能的发育。	避免用强光照射,且光源不能直接贴在准妈妈腹壁上。	研究表明,光照胎教对于胎宝宝视觉的发育有一定益处。所以,在胎教中不可忽视光照胎教。
知识胎教	通过准妈妈给胎宝宝传达一些知识。	不要太深奥。	有益于提高准妈妈的学识,并进一步对胎宝宝有一定的潜移默化作用。
意念胎教	准妈妈通过想象美好的事物而进行的胎教,有利于胎宝宝的健康成长。	多想一些美好的事物。	有益于准妈妈保持心情愉快和胎宝宝的成长。

营养胎教：给宝宝一生的健康体魄

 营养胎教的定义

营养胎教即饮食胎教，根据胎宝宝在孕早期、孕中期和孕晚期发育的特点，帮助并指导准妈妈合理地摄取食物中的营养元素，包括蛋白质、脂肪、碳水化合物、无机盐、维生素、水、纤维素等，可促进准妈妈和胎宝宝的身心健康。

 营养胎教的意义

准妈妈保证全面而均衡的营养对于胎宝宝的健康发育是至关重要的，胎宝宝从一个小的受精卵到长成一个重量约为3000克的完整"小人儿"，这都需要准妈妈提供充足的营养供应。

 营养胎教对胎宝宝有哪些益处

避免胎宝宝营养缺乏

准妈妈进行营养胎教，可提供给胎宝宝全面的营养元素，从而有效避免流产、早产等现象的发生，防止胎宝宝营养不足，以免影响胎宝宝的生长发育。

避免胎宝宝骨骼和牙齿发育不良

胎儿期的骨骼、牙齿发育关系到人的一生，准妈妈在进行营养胎教时，要及时补充钙质，既能避免自身体内的钙质缺乏，又能保证胎宝宝的骨骼和牙齿健康发育。

避免胎宝宝低体重或长成巨大儿

准妈妈进行营养胎教时，应注意均衡营养，避免暴饮暴食或营养缺乏，以保证胎宝宝的营养需求，但也要注意避免营养过剩而使胎宝宝体重异常。

> 准妈妈经常补充钙质，适量多喝一些牛奶，可保证胎宝宝骨骼和牙齿的健康发育。

营养胎教有益于胎宝宝的大脑发育

胎宝宝的一切智力活动都取决于营养物质，营养物质是其智力发展的能量源泉。它是脑组织和器官发育的物质基础，对于胎宝宝的健康发育起到了很重要的作用，因此准妈妈需重视。

胚胎时期脑细胞的生长和发育与准妈妈的营养供给紧密相连，若准妈妈的营养缺乏，就会影响胎盘中脱氧核糖核酸DNA（脑细胞中的一种重要物质）的含量，而胎宝宝的大脑发育也会受到影响，智力活动程度就会相应受损。胎儿期的营养是否供应充足，对胎宝宝的大脑发育产生直接影响，如果供给不足，其智力和智商就可能相应下降。准妈妈的营养均衡与否是胎宝宝大脑发育是否健全的前提及保证。

胎宝宝在生长发育的不同时期，对于营养元素如无机盐、脂类、蛋白质、维生素、碳水化合物、水和膳食纤维等的需求都不尽相同。准妈妈要注意营养元素的搭配和合理补充，在胎宝宝脑细胞的分裂与发育时期，尤其是脑细胞的增殖期更是如此，这对于胎宝宝一生的智力水平都具有重要的影响。

准妈妈可在日常的饮食中适当添加一些补充大脑营养的食品，以保证母体为胎宝宝的大脑发育提供充足的营养，从而为其脑细胞的数量增殖提供必要的物质基础。

每一个妈妈都希望自己的宝宝聪明、健康、可爱，给宝宝提供全面的营养，才能为宝宝拥有良好的智力水平打下坚实的基础。

 ## 营养胎教让胎宝宝健康成长

准妈妈孕期体重会不断地增长。增加的体重主要是依靠准妈妈在怀孕期间的营养补充。随着胎宝宝逐渐长大，准妈妈和胎宝宝的新陈代谢也不断增强，所需要的营养物质也就

准妈妈要多多摄取各种食物，以补充蛋白质、脂肪、碳水化合物、无机盐、维生素、水、纤维素等营养素，从而促进自身和胎宝宝的身心健康。

越来越多。这一时期的饮食营养对于胎宝宝的健康发育是极其重要的，因为营养是胎宝宝发育的关键。

母体中的胎盘担负着将营养传递给胎宝宝的重任，因此，准妈妈的营养摄取对于胎宝宝的生长发育起到决定性的作用。

据相关调查显示，90%的准妈妈由于对自己怀孕的事情毫不知情，而无节制地饮酒、吸烟，最终会导致胎宝宝视力受损，严重时还会引起智力发育异常等。

孕期最后的12周和宝宝出生后的1年左右，是宝宝脑细胞增殖和分化最旺盛的时期。由于脑细胞的发育是不可逆的，因此，孕期准妈妈应该保证足够的营养以促使胎宝宝的大脑发育正常。

准妈妈要注意合理搭配膳食，以促进胎宝宝大脑细胞数量的增加，如果准妈妈在孕期营养不良，尤其是蛋白质、热量缺乏时，胎盘就不能正常代谢，从而导致胎盘的细胞数目减少、重量下降及发生功能障碍等，就会伴有流产、早产、死胎或低体重儿的出生，因此准妈妈一定要注意营养的补充。

准妈妈以身作则，养成良好的饮食习惯

每一个准妈妈都希望日后不会为宝宝的饮食问题过于操心，那么，从现在起，准妈妈就要养成良好的饮食习惯，以身作则，言传身教，要让胎宝宝切实地感受到榜样的力量，因此准妈妈三餐要做到定时、定点、定量。

◎**定时**：准妈妈即使再忙，都应合理安排好三餐的时间，要做到有规律可循，最佳的吃饭时间为早餐7：00~8：00，午餐13：00左右，晚餐18：00~19：00；用餐时间以30~60分钟为宜。

◎**定点**：准妈妈若希望未来的宝宝能用心进餐，就应养成定点吃饭的习惯，可以选择一个安静且干净的地点，最好不要受到外界的打扰。

◎**定量**：准妈妈可以少吃多餐，以适量为宜，但切不可忽略或合并每日的三餐。三餐的总体分量要充足，以早餐丰富、午餐适中、晚餐量少为原则。

多吃不同种类的食物

准妈妈要注意合理均衡饮食，从多种食物中摄取丰富的营养元素，并不是说吃得越多越好，而是要保证食物的多样化。营养专家建议，准妈妈每天要吃不同种类的食物，才能保证营养全面。

准妈妈在不同的孕期，营养的侧重应有所不同。孕早期时，因为胎宝宝的生长速

度较为缓慢且形体较小，所需要摄取的营养元素不多，准妈妈可在日常的饮食中稍稍增加一些无机盐和维生素即可。孕晚期，胎宝宝的各个器官已开始发育完全，这就要求准妈妈要多补充一些含钙、铁、蛋白质丰富的食物，如鱼、肉、蛋等食物。

推荐食物

有益肝脏的维生素类和富含铁、钙、磷等无机盐的食物，如红豆、燕麦、大麦、荞麦、橙子、葡萄、木瓜、柠檬、樱桃、苹果、红枣、芝麻、苏子油、松子、核桃等。

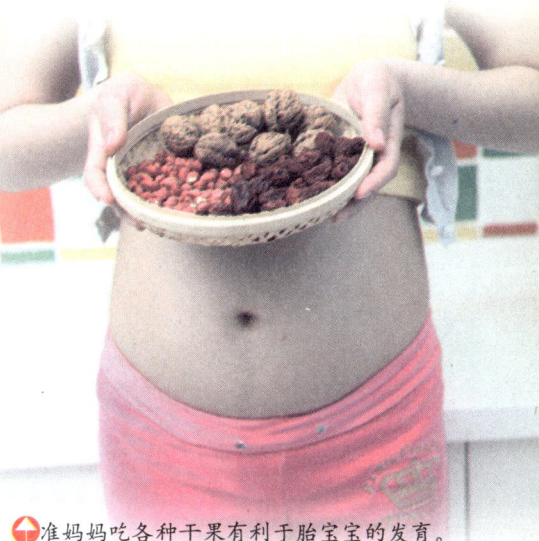
准妈妈吃各种干果有利于胎宝宝的发育。

培养良好的饮食习惯

准妈妈要保持良好的饮食习惯，好的饮食习惯会对未来宝宝的饮食产生一定的影响。若孕期准妈妈胃口不好、偏食，就会影响到婴幼儿期的宝宝，也使其经常出现没有胃口、吐奶、消化吸收不良的情况。

由此可知，准妈妈的饮食习惯是否健康直接关系到胎宝宝的饮食习惯，因此准妈妈应养成良好的饮食习惯。

改掉吃零食、口味重的习惯

准妈妈在孕期要尽量避免吃零食，多吃五谷杂粮、蔬菜以及水果，烹调时应保留食物的原味，少放鸡精和其他辛辣调料，做到让胎宝宝在妈妈肚子里就已经习惯这种自然、健康的饮食方式。

快乐孕期快乐胎教

孕期的饮食要以清淡、少油腻、易消化为宜，要少食多餐，即每餐的进食量不增加，而在三餐的基础上增加2~3次餐。准妈妈还要多吃一些富含蛋白质、钙、铁、锌的食品，这有利于胎宝宝大脑神经细胞的发育，如鱼类、瘦肉、虾、动物肝脏、豆制品及各种绿叶蔬菜。多吃一些新鲜且略带酸味的水果，如苹果、橘子、香蕉、菠萝等，以减轻孕期反应。

勿忘铁、碘、锌、铜元素的补给

◎**提前补铁很重要**。铁是构成人体血红蛋白的主要物质之一，担负着将氧气运输给腹中的胎宝宝的重任，孕期准妈妈对铁元素的摄取当然必不可少。孕中期准妈妈容易出现贫血的症状，这时准妈妈要及早发现，提前补充铁元素，以免胎宝宝出现营养不良、体重偏低等症状。

◎**补碘有讲究**。准妈妈缺碘会导致胎宝宝智力低下，影响生长发育，但碘元素摄取过多，又会使胎宝宝的甲状腺肿大，从而引起甲状腺功能减退，严重者甚至会导致胎宝宝夭折。准妈妈可去医院做一下尿碘水平测试，若每升尿中低于100微克，则需要补碘。准妈妈通过食物即可补充碘元素，如海带、紫菜、干贝等。

◎**补锌为胎宝宝的智力发育提供了物质支持**。锌是构成人体内各种酶的成分之一，准妈妈如果缺锌，就会导致胎宝宝发育迟缓以及分娩并发症，如产程延长、流产、早产等。孕期胎宝宝对锌的需求增加，准妈妈应每天摄入一定量的锌，可吃一些富含锌的食物，如牡蛎、芝麻等。

快乐孕期快乐胎教

准妈妈应多吃一些含铁元素丰富的食物，如蛋类、肉类、豆制品、动物肝脏等，还要多吃绿色蔬菜和水果，比如西红柿、菠菜、紫菜、芝麻、黄豆、红枣、柑橘、黑木耳、绿叶蔬菜等。

准妈妈在孕期要避免吃过多零食，以免使胎宝宝受到不规律饮食的影响，甚至过量摄入零食中的钠、铅等有害成分。

蛋白质是维持胎宝宝生命特征的基本物质

蛋白质是维持胎宝宝生长发育的基本物质，孕期准妈妈需要保证蛋白质的摄取量，以维持胎宝宝的健康发育。

补充丰富的蛋白质不仅能减少准妈妈患妊娠高血压综合征的风险，还能增加产后的乳汁供应。另外，蛋白质还是胎宝宝大脑发育的主要物质，在胎宝宝的记忆、思维、语言、运动等方面都起着至关重要的作用。

推荐食物

◎**野生动物及鲜贝类**：野鸭、野鹿、野鸡、墨鱼、带鱼、干贝、牡蛎及虾等。

◎**家畜及家禽类**：牛肉、猪肉、羊肉、鸡肉、兔肉、鸭肉及蛋类等。

◎**坚果类**：花生仁、南瓜子、西瓜子、杏仁、核桃仁、葵花子等。

◎**鱼类**：鲫鱼、鳙鱼、鲤鱼、鳝鱼等。

◎**奶类**：豆奶、牛奶、酸奶等。

↑南瓜子　　↑花生仁

快乐孕期快乐胎教

◎准妈妈不要吃过于生冷和酸性较重的食物。如果准妈妈的下腹部过于突出，应避免食用热量高的食物。不要吃带有刺激性且对人体神经有兴奋作用的食物。

◎在孕6月时准妈妈应补充足够的维生素。

脂肪是保证胎宝宝大脑发育的主要营养

脂肪约占胎宝宝大脑比重的50%，孕期准妈妈摄入优质而充足的脂肪，对于胎宝宝的脑细胞发育和神经脊髓的形成都是极其重要的。如果准妈妈此时脂肪摄入不足就有可能会引起胎宝宝永久性的脑损伤，导致智力发育不健全，造成终身遗憾。

脂肪中含有丰富的亚油酸、亚麻酸、DHA、EPA等不饱和脂肪酸，这些物质对于胎宝宝的脑细胞和神经的发育具有至关重要的作用。

维生素C可对改善胎宝宝的肤色产生积极作用

维生素C具有改善肤色的作用。有些父母皮肤偏黑，准妈妈可适当多吃一些富含维生素C的水果。维生素C能干扰黑色素的生成，从而影响黑色素沉淀，很可能使胎宝宝出生后的皮肤变得细腻白嫩。这些水果有葡萄、苹果、西红柿、柑橘、鲜枣等。

维生素A能保护并滋润皮肤细胞。有些父母皮肤干燥、粗糙，准妈妈可以多吃一些富含维生素A的水果，维生素A能参与蛋白质的合成，有益于上皮的形成和发育，对于促进胎宝宝的智力发育也有帮助。这些水果有梨、苹果、枇杷、樱桃、香蕉、桂圆、杏子、荔枝等。

准妈妈多吃水果有利于改善胎宝宝的肤色。

不适合准妈妈吃的食物及调料

一些含有咖啡因的饮料和食物会通过胎盘对胎宝宝产生一定的刺激，从而对胎宝宝的大脑、心脏和肝脏等器官产生不良影响，影响其大脑及智力的发育。准妈妈饮用这些饮料后，会出现不同程度的恶心、呕吐、心痛等症状，因此，孕期以及计划怀孕的女性应尽量避免此类食品。

◎**辛辣食物**：辣椒、花椒等调味品的刺激性比较大，食用后易引起便秘。

◎**罐头食物**：此类食品中常含有添加剂和人工防腐剂，可能导致胎宝宝畸形和流产。

◎**味精**：此调味品会影响锌的吸收，影响胎宝宝神经系统的正常发育。

◎**糖**：糖在人体内的新陈代谢会消耗大量的钙质，从而造成准妈妈体内钙质的缺乏，影响胎宝宝的骨骼和牙齿的生长。另外，糖还会造成准妈妈体重超重。

情绪胎教：带给胎宝宝最好的精神养分

情绪胎教，一座沟通母婴的桥梁

情绪胎教是通过调节准妈妈的不良情绪，消除一些对胎宝宝不利的负面情绪，使准妈妈忘掉烦恼和忧虑，从而处于一个平稳、清新、温和的氛围环境中，通过准妈妈的神经传输作用，促使胎宝宝的大脑得以良好发育的胎教方法。

情绪胎教的概念在我国自古有之，从古时候开始，医学家和教育家就已经意识到了情绪胎教的重要性。我国最早的医学经典《黄帝内经》中就提到，准妈妈"七情"（喜、怒、忧、思、悲、恐、惊）过激会导致"胎病"的理论。现代医学研究也表明，情绪与全身的各个器官功能紧密相连，不良的情绪会扰乱准妈妈的神经系统，导致准妈妈内分泌紊乱，进而会影响到胎宝宝的正常发育。

医学研究表明，尽管母体与胎宝宝之间不存在直接的神经传递，但当准妈妈的情绪产生变化时，内分泌腺体会自觉分泌出多种化学物质，血液中的某些化学成分也会随之发生改变。这些化学物质通过母体的胎盘进入胎宝宝的血液循环，从而对正处于生长发育期的胎宝宝形成不良刺激，这就是母婴之间存在的神经信息的传达系统，也就前文提到的"心电感应"的内涵。

情绪胎教对于保证孕期母婴之间的心理健康具有重要的作用，它决定着母婴之间关系的和谐与否，还关系到胎宝宝后天的心理健康，并对胎宝宝的情绪、性格、健康等都具有一定影响。不同情绪对胎宝宝产生的结果不同，具体情况如下：

▶ 准爸爸可以经常陪准妈妈出去散散步，呼吸新鲜空气，有助于胎宝宝的健康发育。

好情绪可促使胎宝宝健康发育

准妈妈保持乐观的心态和良好的情绪可使胎宝宝的活动缓和而有规律,从而促进各个器官的发育良好,尤其是对脑组织的发育极有益处。

准妈妈的良好情绪会使胎宝宝出生后形成性情温和、情绪稳定、不常哭闹且有规律作息的宝宝,研究发现,宝宝受过良好的胎教,其智商和情商都较一般孩子高。

坏情绪易使胎宝宝发育畸形

准妈妈的不良情绪会对胎宝宝的下丘脑产生不利影响,胎宝宝日后患精神类疾病的几率也会因此增大,且宝宝出生后体重往往会偏低,还可能存在睡眠不良、好动等情况。

准妈妈在孕早期如果长时间处于不良情绪之中,就会诱发流产。如果准妈妈沮丧忧郁的情绪持续很长时间,可以观察到胎宝宝出生后会对外界的刺激反应相应减少。如果准妈妈过度焦虑或情绪极度不安,比如在孕期7~10周内,准妈妈的不良情绪会引起胎宝宝患唇裂、腭裂的几率增加。

如果准妈妈过度焦虑,就会增加胎宝宝发育异常的风险,有的胎宝宝在出生后,会更容易出现情绪和行为方面的问题,成为"问题儿童"。有关专家还认为,儿童的情绪、性格、行为和动作方面的问题,都与孕期准妈妈的不良情绪有关,焦虑程度越高的准妈妈所生下的孩子,日后出现情绪和行为问题的几率越高。

所以,准妈妈在孕期时必须保持愉快的心情。作为丈夫也应该体贴妻子,尽量创造一个安详、舒适、温馨的家庭氛围。

让心情快乐是最好的情绪胎教

有些准妈妈认为,胎教就是"隔着肚皮说话",是一种不会起到任何作用的说教方式,因此对胎教产生种种疑虑,从而打断了胎教的连续性。然而,这种想法是错误的,这样的想法不仅容易引起焦虑、烦躁、不安的不良情绪,而且还会影响到胎宝宝。

准妈妈要走出情绪低落的误区

也有很多准妈妈在试图寻找一种最有效的胎教方法,其实,保持快乐的心态才是最好且最有用的胎教方法。在整个胎教过程中,准妈妈的情绪调节显得尤为重要，时刻保持快乐的心情才是对胎宝宝最有益的。

准妈妈与胎宝宝拥有相同的血液循环系统，当准妈妈情绪不稳定时，如经常悲伤或抑郁，胎宝宝也会切身感受得到。怀孕初期，准妈妈因为妊娠反应心理上会受到不良影响，导致情绪极易波动，从而导致肾上腺皮质激素分泌增加，出现流产或畸形儿的几率也会增加。当准妈妈受到一些精神刺激，如惊吓、忧郁、痛苦等不良情绪时，植物神经系统的活动会突然加快，内分泌也会因此发生紊乱，间接影响到胎宝宝的正常生长和发育。而准妈妈消极的情绪还会影响到胎宝宝的正常食欲，不利于胎宝宝的健康成长，对于出生后的宝宝也会埋下隐患。所以，准妈妈要学会调节自己的情绪，保持良好的心态，对腹中的胎宝宝持之以恒地进行胎教，那么宝宝出生后的语言能力、运动能力及听力、适应能力也会高于未接受胎教的宝宝。

准爸爸的幽默感可让准妈妈的坏情绪一扫而光

准爸爸可以为准妈妈制造一些幽默的生活情趣。制造幽默的方法有很多，如给准妈妈提供一些幽默画刊、幽默喜剧光碟，或给准妈妈讲一些幽默故事等。幽默主要来自亲人的关心、安慰，如当准爸爸看到准妈妈比较难受时，准爸爸可以说："小宝宝你又调皮了吧，还没出生呢，你说你出生后长得像谁？你看妈妈的眼睛又大又亮，像她多漂亮呀；妈妈的鼻子又挺又直，还是像她吧！那你说，你什么地方长得像爸爸呢？哈哈……要不，耳朵像爸爸。"这些富于幽默的语言都是在与准妈妈融洽生活中的自然流露，但准爸爸要注意把握分寸，千万不要让幽默的语言变了味儿。

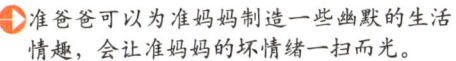准爸爸可以为准妈妈制造一些幽默的生活情趣，会让准妈妈的坏情绪一扫而光。

运动胎教：让胎宝宝大脑、肌肉发育更健康

运动，充满活力的胎教方式

运动胎教是指准妈妈进行适当的体育锻炼，以促进胎宝宝大脑的健康发育以及全身肌肉的活力，这是一种能使准妈妈正常妊娠和顺利分娩的有效方法。

从怀孕第7周开始，胎宝宝就能稍微活动，一些看起来具有复杂性的动作也都能做到，如吞咽、眯眼、握拳头的动作，幅度稍大的如伸展四肢和转身等。准妈妈可以通过抚摸和交谈，与胎宝宝进行交流，这样胎宝宝会感受到安全感和亲情的温暖，并能感受到舒服和愉快，出生后也会喜欢与别人交流。

准妈妈可有条理地进行胎教运动，不要进入一种误区，担心自己的活动会伤及胎宝宝，因而不敢进行任何活动。相反，适当的运动能使全身肌肉放松，促进血液循环，能增加母体与胎宝宝之间的血液交换；还能增强食欲，使胎宝宝得到更多、更充分、更全面的营养物质；也能增强腹肌和骨盆底肌的能力，并能有效改善盆腔充血，减轻产道的阻力，使准妈妈能够顺利地分娩。

孕期练习体操有助于胎教

孕期进行胎教体操不仅有助于增强母婴的体质，还有助于胎教的顺利实施。在孕期的不同阶段，准妈妈所采用的运动方式也应该有所不同。

孕早期宜做有氧运动 （怀孕1～3个月）

在孕早期，准妈妈的妊娠反应比较强烈，此时准妈妈的新陈代谢增加，身体内分泌系统产生了一系列的变化，从而导致体内热量消耗快，血糖不足，很容易引起嗜睡、呕吐、精神不振等不良反应。此时，胚胎正处于发育阶段，尤其是胎盘和母体子宫壁的连接还不紧密，很可能会由于不适当的运动而致胎盘脱

准妈妈可以根据自身的状况做一些简单的运动，孕妇体操就是一种很好的运动方式。

落，从而诱发流产。因此前3个月的运动原则以有氧、慢节奏的运动为主，跳跃或者快速旋转的动作最好不要做。准妈妈可以适当做一些家务活，如擦桌子、扫地、洗衣服、买菜、做饭都是适合的运动，不仅可以使准妈妈心情变好，而且还有益于胎宝宝的健康发育。但如果孕期妊娠反应较重，则要适当减少运动，需要多卧床休息。

◎**散步**：散步是一种有益于身心的活动。它不受条件的限制，随时都可以进行。在散步的过程中，准妈妈可以多呼吸新鲜空气，还可以欣赏到美丽的自然风光，这能使其心胸开阔。而且散步之后会产生轻微的疲劳感，有助于睡眠。

◎**足尖运动**：准妈妈坐在椅子上，两足踏于地面，足尖上翘后再放下，反复多次地进行，脚掌不要离开地面。通过足尖运动，能促进全身的血液循环。

孕中期的运动（怀孕4～7个月）

◎**盘腿坐**：每天早晨起床和临睡时准妈妈可以盘腿坐在床上，将两手轻轻放在两腿上，用力将膝盖向下推压，在一呼一吸之间可以将手放开，重复练习2～3次。这种练习可以舒展肌肉，从而达到松弛腰关节的目的。

◎**骨盆震动**：仰卧、屈膝，同时腰背缓缓向上呈反弓状，待复原后过10秒钟再重复以上动作；两手掌和两膝着地，头下垂，背呈弓状，一边抬头，一边伸背，让头和背处于同一水平位置上，接着再仰头，使腰背呈反弓状，头再向下垂，反复进行此动作。这种运动可以使产道出口肌肉柔软，有利于分娩。

◎**腹式呼吸**：应从卧位开始练习呼吸。第一步先吸气，使腹部鼓起；第二步呼气，收缩腹部，第三步待呼吸熟练后，再用鼻吸口呼，使腹部鼓起和收缩；第四步在有节奏的音乐伴奏下做此项运动。

孕晚期宜做柔韧性的运动（怀孕8～10个月）

孕晚期是整个怀孕中最辛苦的一段时期，准妈妈肚子更加突出，身体的重心前移，且背部及腰部的肌肉经常处于紧张的状态，不断增大的子宫对腰部神经的压迫也会导致腰酸背痛。

此时准妈妈不可过于疲劳，运动以舒展和活动筋骨的伸展运动为主，且要控制运动强度，不宜久站、久坐或者长时间走路，家务劳动也不宜再做。这段时期准妈妈还应注意多休息。准妈妈可以根据自己的身体状况选择适宜的锻炼方式，每次以15分钟左右为宜，每周不少于3次。

◎**四肢运动**：身体站立，双手两侧平伸，肢体与肩放平，整个上肢前后左右摇晃，幅度大小可交替进行；然后用一条腿支撑整个身体，另一条腿则抬高，反复练习几次。

◎**骨盆运动**：准妈妈卧在床上，双膝屈伸并抬起臀部，抬高后缓缓向下落，多练习几次。

◎**伸展运动**：双脚蹲地，双手支撑身体，头垂下，两肩及背部随着头部一起下垂，然后抬头，两肩及背部随头部一起上挺。

◎**增强骨盆底肌肉的运动**：收缩肛门、阴道，再放松，反复数次。

易于准妈妈学习的简单瑜伽

瑜伽是较适合准妈妈做的运动，当准妈妈感到心情不畅或有压力时，不妨练习一下瑜伽，不仅可以舒缓孕期的紧张心情，还可以促进全身的新陈代谢和体内代谢废物及毒素的排出，并能增强骨关节的开合能力，净化和强健子宫，从而使分娩更顺利。但要注意，孕期瑜伽适合于怀孕前就已有瑜伽功底的准妈妈，如果是初学者，最好到专业机构学习，以免伤害胎宝宝，如果出现不适，要立刻停止练习，量力而行。

拜日式

动作：第一步：两脚开立，距离略微比两肩宽，将双手放于胸前合十，深呼吸；第二步：吸气，上身向后仰；第三步：呼气，上身向前弯曲；第四步：将双手置于地板上，用双手撑住身体前侧，膝盖则需尽力伸直，深呼吸；第五步：吸气，双膝向前弯曲；第六步：呼气，将胸口贴于水平地面上，约停留6秒钟，同时做深呼吸；第七步：吸气，身体慢慢向上抬起；第八步：呼气，双手撑稳，双膝离开地面且伸直；第九步：身体慢慢回到站立的姿势，吸气向后仰；第十步：呼气，还原，双手放于胸前合十，再进行深呼吸。

须知：准妈妈在孕中期和晚期都可以进行这项瑜伽练习。孕晚期因腹部突出，身体重心不稳，练习时，应当注意保持身体的平衡，适当进行休息。

目的：这项动作可改善准妈妈的体质，加快血液的新陈代谢和循环畅通，同时也为胎宝宝提供了充足的氧分，还能消除准妈妈的神经紧张，保持充沛的体力。

鱼式

动作：第一步：准妈妈平躺在地上进行深呼吸；第二步：双手握拳放在身体两旁，用手肘支撑着身体，胸部挺高，头心顶在地上，尽量伸张颈部，约停留6秒钟，深呼吸；最后，再将身体还原。

须知：尽量抬高胸部，使背部离开地面，这样可以矫正驼背。

目的：这项练习可增强身体的抵抗能力，并且具有柔软、美化颈部以及肩部肌肉的作用，还能预防感冒等。

虚坐式

动作：第一步：两脚开立与肩稍宽，深呼吸；第二步：吸气、双膝弯曲，将双手撑在膝盖处约停留6秒钟，深呼吸；第三步：将身体还原至原来的位置，深呼吸。

须知：孕初期可多练习这项动作。当膝盖弯曲时，将双膝左右打开至极限，力量全放在两条腿上，目的是锻炼腿部的力量。

目的：这项运动能促进血液循环，并有助于胎宝宝的健康成长，准妈妈适当多练习能贮存体能，并有助于分娩。

金刚坐式

动作：第一步：跪坐在地上，深呼吸；第二步：约停留10~20秒钟还原。

须知：跪坐时保持全身放松，目的是锻炼肩膀及胸部，注意腰背挺直。

目的：这项练习有助于改善体质，使精神愉悦，并能舒缓怀孕的紧张情绪与压力，适合准妈妈经常练习。

猫式

动作：第一步：双膝跪坐在地上，深呼吸；第二步：臀部与膝盖垂直，两手放在膝盖上，手掌与膝盖保持平行，吸气，腰部凹陷，头抬高，脸向上；第三步：呼气，腰部提高，头向内缩，深呼吸，腰部上下摆动重复数次；第四步：还原身体最初位置，第五步：将呼吸调整均匀，重复动作。

须知：做这项动作时应将注意力放在腰部，摆动腰部的幅度不要太大。

目的：可缓解肩膀以及背部的疲劳感，促进血液循环，并有助于解除肩膀背部的疲劳，促进脊椎两旁的血液循环，增强准妈妈与胎宝宝的体质。

抬脚休息式

动作：第一步：将两条小腿放在椅子上，做深呼吸；第二步：双腿分开，双手放于身体两侧，身体放松，约停留十秒以上；第三步：将身体还原，呼吸调整均匀。

须知：椅子不要太高，以适宜准妈妈身体即可。做这项练习时，身体要放松，同时做深呼吸；将意念从脚尖开始，直到骨盆，最后感到整个臀部放松即可停止，反复练习。

目的：有助于促进准妈妈脚部的血液循环，还可放松腰部，并能缓解腰部因胎宝宝不断增大而产生的疲劳感。

后视式

动作：第一步：跪坐，深呼吸，慢慢让臀部坐在两小腿内侧的地板上；第二步：吸气，上身缓慢移向右边，左手抚摸右膝的外侧，右手移至后方，约停留6秒钟；第三步：还原开始姿势，均匀呼吸；第四步：改变方向重复上述动作。

须知：做这项练习时，上半身要保持放松的状态。

目的：能矫正准妈妈不正确的坐姿。强化背部以及腰间的肌肉，有利于改善中枢神经系统的功能，促进血液循环以及新陈代谢等。

吉祥式

动作：第一步：坐下，做深呼吸；第二步：两脚并拢，脚跟靠近会阴处，腰背挺直，约停留10秒钟，再做深呼吸，还原身体开始时的姿势；第三步：双腿放松，呼吸调匀，多次重复这项动作。

须知：双手抓住双脚停留时，尽量挺直腰背，同时禁闭肛门，膝盖尽力平放在地板上。

目的：常练有助于分娩。

⬇ 准妈妈学习简单的瑜伽，有助于缓解疲劳感，增强体质。

胸贴地猫式

动作：第一步：坐在地板上，做深呼吸；第二步：两手伸直，放在膝盖上；第三步：臀部向上，放低腰及胸部，下颌贴在地面上，约停留10秒钟，做深呼吸；第四步：身体还原至原来的位置，呼吸调匀，重复这项动作。

须知：动作应缓慢进行，不可过急。

目的：可使全身得到充分伸展，能有效消除腰背酸痛感，常练这个动作，还能使胎位正常，有助于顺利生产。

天线式

动作：第一步：双腿跪坐在地上，挺直腰背，做吸气动作；第二步：两手左右打开再呼气，上身向后仰，约停留10秒钟，做深呼吸动作；第三步：身体还原至原来的位置，呼吸调匀，重复一次。

须知：两手左右打开的幅度尽量要大；准妈妈的衣服要尽量宽松；应在空腹时练习，完成后过30分钟再进食；最好每天都定时练习。

目的：常练习此动作有助于准妈妈保持愉快的心情待产，扩胸的动作能吸收更多的氧气，促进血液循环和新陈代谢。而且此动作还能排解忧郁与胸口的憋闷感，有助于顺利生产。

准妈妈运动需注意以下几点

◎准妈妈患有心脏病、肾脏疾病、妊娠高血压综合征或曾有流产、早产史的，必须在医生的指导下进行。

◎准妈妈在做运动时，一旦出现头晕、气短、痉挛或某个部位疼痛时，应立即停止运动并及时去医院就诊。

◎对于怀了双胞胎的准妈妈来说，在做运动时需更加谨慎。

快乐孕期快乐胎教

运动是一种有效的胎教方法，有利于改善准妈妈体质，纠正胎位，促进食欲，同时还能促进胎宝宝智力的发育。但如果选择了不合理的运动则对准妈妈和胎宝宝是一种伤害。准妈妈在做抚摸胎教时，以每天3次为宜，即使腹中的胎宝宝不那么乖，准妈妈也要平心静气地对待，切不可急于求成。做胎教运动时，动作不宜过快过猛。

音乐胎教：妈妈放轻松，宝宝也高兴

每种胎教的方法都有一定的目的性，但是无论采取哪种方法，对于准妈妈来说都是从行为、兴趣、情绪以及美学等方面进行的训练，反应到胎宝宝来说则是反射训练、性格培育、音乐熏陶等，准妈妈可以利用音乐对20周左右的胎宝宝定期、定时地进行声音刺激。声音包括胎教音乐和准爸爸和准妈妈的讲话。优美的音乐能通过和谐的节律性改善子宫内的血液流量，从而促进胎宝宝的生长发育，对于准妈妈也是一种陶冶性情的良好方式。

 ### 孕龄不同，音乐选择也不同

音乐胎教主要有两种：一种是针对准妈妈的，另一种是针对胎宝宝的。在挑选胎教音乐时要根据准妈妈的孕龄不同、生理状况不同，选择的音乐类型也应不同，切不可随意选取。通常情况下，孕早期时，准妈妈妊娠反应比较剧烈，准妈妈会感到忧郁、疲劳；孕中期时，准妈妈的情绪稳定，食欲旺盛；孕晚期时，准妈妈经常会因顾虑分娩及产后的诸多问题而产生一定的思想负担和精神压力，出现焦虑感。如何根据不同的孕龄来选择不同的音乐呢？

孕早期（0～12周）

孕早期，准妈妈比较适合听一些轻柔愉悦、幽默诙谐的音乐，这样的音乐有助于消除准妈妈的忧郁和疲惫感。这一时期适合听的音乐有贝多芬的F大调第六号交响曲《田园》、勃拉姆斯的《摇篮曲》以及《春江花月夜》、《假日的海滩》等乐曲。

尤其是《春江花月夜》这支乐曲，意境优美，空灵幽远最值得一听。整首曲子很像一幅清新淡雅的风景画，闭目聆听时，如身临其境，走入一派月色朦胧、寂静无声的山水之中。静谧的月光挂在树梢，一番美妙的情境令身心都得到了净化。

孕中期（13～24周）

孕中期，胎宝宝已经产生了听觉，并伴有胎动，这时的胎教音乐应该涵盖的内容更多一些。而且准妈妈还能做一些适当的家务，可以一边做一些力所能及的家务，一边听一些轻松舒缓的音乐。

孕中期，准妈妈除了可以继续聆听孕早期的乐曲外，还可以听一些欢快、轻松的音乐，如柴科夫斯基的《b小调第一钢琴协奏曲》以及《喜洋洋》、《春天来了》等乐曲。尤其值得一提的是柴科夫斯基的《b小调第一钢琴协奏曲》，整首乐曲都充满了温暖、祥和的气息，旋律优美而动人，表达了对美好生活的渴望和热爱，让人沉浸在富有旋律的音乐之中，感受波涛起伏的大海、美丽如春的四季、灿烂美丽的阳光，整个人都会感受到一种幸福的存在，胎宝宝也会与准妈妈有着同样的心灵体验。

孕晚期（25～40周）

孕晚期，因为准妈妈就要分娩了，心理上难免会越来越紧张，再加上这时的胎宝宝已经发育成熟，准妈妈的身体也越来越笨重，所以，准妈妈可以选择一些温柔且充满希望的乐曲来听，如舒曼的钢琴套曲《童年情景》，还有时下最脍炙人口的《梦幻曲》以及《我将来到人间》都比较适合这一时期来欣赏。

尤其是《梦幻曲》，它的旋律优美，各声部的结合都十分完美。曲子表现了对如梦如画的童年的回忆，充满童真和纯洁，准妈妈在欣赏音乐时，会被其柔美如歌的旋律、各声部完美的结合以及充满表现力的和声所感染！这只曲子刻画了一个童真的梦幻世界，表现了儿童天真、纯洁的幻想，所以准妈妈听着柔美舒缓的音乐的同时可以想象一个个圣洁的小天使，就如同自己可爱的小宝宝，正缓缓地向自己走来，幸福感油然而生，就像在梦境中一般，腹中的胎宝宝也会在这种无限的柔情之中安然地入睡了。

➊ 优美的音乐，对胎宝宝的发育是一种良好的刺激，对于准妈妈也是一种陶冶性情的良好方式。

以上这些音乐可以舒缓并放松准妈妈紧张的情绪，以阳光而自信的心态去迎接即将到来的分娩。

四种音乐胎教方式

进行音乐胎教的乐曲往往由于人们受文化水平、欣赏水平以及所生活的环境的不同而有所区别。如有的准妈妈非常喜欢音乐，而有的准妈妈则对音乐毫无兴趣，因此要从每个准妈妈的实际情况入手，不能让所有的准妈妈都听同一首世界名曲来进行音乐胎教。

比如，处于偏远的农村，当地可能很少有人会对世界名曲感兴趣，但他们也会有自己喜欢的歌曲，如山歌或民歌等，这些曲子具有浓重的地方特色，节奏欢快且富有很强的感染力，听起来还给人一种亲切的感觉，胎宝宝接受这样的音乐同样也会起到胎教的效果。可供准妈妈采用的音乐胎教方法有以下几种：

唱听法

准妈妈轻声哼唱自己喜爱的且有益于身心健康的歌曲，既陶冶了情操，美化了心情，同时也能感染腹中的胎宝宝，在哼唱时注意要凝神于胎宝宝，目的是唱给胎宝宝听，既能抒发自己内心的情感还能让腹中的胎宝宝感受到美妙的音乐，这种音乐胎教方式适合于每一位准妈妈。

教唱法

准妈妈选择适合的乐曲后，自己轻声哼唱一句，然后想象胎宝宝也在自己的腹内一句一句地学唱。尽管胎宝宝还不能真正地唱歌，但这种方法能使胎宝宝得到最初的启蒙教育，还能充分发挥准妈妈的想象力，这是想象胎教与音乐胎教结合的一种方式，胎教效果也是比较理想的。

灌输法

通过利用外界的器物进行音乐灌输，准妈妈需要准备一个微型的的扩音器，将扬声器放置于离自己稍远的地方，并调整好扬声器的音量，将优美的音乐通过扬声器传递给胎宝宝。

在使用过程中，准妈妈也需要注意，扬声器的音量不能太大，播放的时间不宜过长，以免胎宝宝产生疲惫感，一般以5～10分钟为宜。选择的CD音质要好，因为劣质的音乐会损坏胎宝宝的听力。

抒情法

在音乐伴奏的同时，准妈妈可以朗读一些优美的文字，这是语言胎教、美育胎教与音乐胎教相结合的一种方式。将音乐与朗读结合起来，既能达到情景交融的意境，又能感染腹中的胎宝宝，做到优美流畅、和谐统一、有条不紊，给准妈妈以及胎宝宝带来完美的感受，心情也变得舒畅了。

走出音乐胎教的误区

很多准妈妈在孕期都会给胎宝宝做音乐胎教，但实际上很多准妈妈在给胎宝宝进行音乐胎教时存在一些误区，只有纠正了这些误区才能让音乐胎教发挥最大的效用，让准妈妈和胎宝宝都受到音乐的熏陶。

误区1：刚怀孕就立即进行音乐胎教

很多准妈妈都错误地以为胎教越早越好，因此进行音乐胎教也是越早越好，认为这样能及早地培养胎宝宝的音乐天赋并且还能提高其情商。其实不然，音乐胎教最好从怀孕6个月后再进行。虽然胎宝宝长到4个月时可以聆听到外界的声音，但只有到了6个月时他们的听力才算真正地发育完全。因此，应从6个月后再开始对胎宝宝进行音乐胎教，并不是越早越好。

在怀孕6个月前，胎宝宝的大部分时间都是在睡眠中度过的，而睡眠也是让胎宝宝生长发育的一种方式，胎宝宝在还

↑进行胎教音乐并不是越早越好，胎教音乐最好从怀孕6个月后再进行。

没有任何记忆、思维的情况下，音乐胎教会影响到胎宝宝的睡眠，但准妈妈可以自己听一听音乐来舒缓情绪。

误区2：进行胎教时声音越大越好

正确的做法是音乐声离准妈妈2米左右，分贝以60分贝为宜。准妈妈可以和胎宝宝对话，并播放柔美的音乐，对于胎宝宝的听觉能起到良好的刺激作用，但并不是声音越大越好，很多准妈妈为了让胎宝宝听得更清楚而将扬声器紧贴肚皮。其实，过大的声音很容易给胎宝宝造成一定的噪声干扰，使之产生疲惫感；同时还会损伤胎宝宝正在发育的听力系统，造成不可弥补的遗憾。

误区3：优美的音乐都适宜胎教

很多准妈妈认为，凡是优美的音乐都可以用来做胎教音乐，其实，这种观点是片面的。比如理查德·克莱德曼的一些钢琴曲虽然旋律优美，但音域过高、节奏过快，不适合做胎教音乐。因为胎教音乐的前提是要求频率、节奏、力度等方面与宫内的胎音尽量一致。那些节奏快、力度大的音乐极易引起胎宝宝的听觉受损。

胎教音乐的选择应符合声学、医学及生理学的要求，只有这样才能起到开发胎宝宝智力和情商的作用。所以，一定要咨询专业人士进行选择。

误区4：扬声器离肚皮越近越好

很多准妈妈在用扬声器给胎宝宝做音乐胎教时，都喜欢将其放在腹壁，即与胎宝宝头部相对应的部位，结果发现胎动往往比较频繁，准妈妈还以为这是胎宝宝在做回应。孰不知，这可能是胎宝宝在发出抗议，因为过大的音量不仅起不到让胎宝宝欣赏音乐的效果，而且这样的声波还会对胎宝宝的身体和听觉系统造成一定的伤害，准妈妈尤其要注意。

另外，准妈妈在选择扬声器时，应选购那些经卫生部鉴定且能保护胎宝宝稚嫩耳膜的胎教器材。

误区5：忽略音质需求

在给胎宝宝选择胎教音乐时，音质的选择也很重要。如果选择一些网上可下载的劣质MP3，会对胎宝宝的听力造成很大程度的伤害。准妈妈在选择音乐时，要选择那些专业的、品质高的CD。

音乐胎教的益处

准妈妈听的音乐应该是节奏明快、曲调祥和、旋律优美的曲子，这些音乐对于舒缓紧张的情绪具有良好的作用，但也要注意适可而止，尽量以舒服为原则。

◎**音乐胎教有益于开发右脑。**音乐胎教主要强调通过对胎宝宝施加适当的音乐刺激，以促使其脑部神经的发育，或者用反复刺激的方式，在胎宝宝的大脑中形成浅层的记忆模式。人的大脑是有明确分工的，左脑的功能是以语言、计算、理解，主要负责逻辑思维；右脑的功能则以情感为主，主管形象思维。人的大脑在出生后左脑会比右脑发达，因此在出生前加强开发右脑，就显得格外重要，音乐的感受是由右脑负责，越早实施就越对右脑的开发有利，将来也会使宝宝更聪明。

◎**音乐胎教有助于培养认知能力。**有关研究证明，古典音乐的复杂性可以激发人脑中与学习相关的联系，从而帮助培养胎宝宝的认知能力。受过音乐胎教的人，在以后的学习过程中，更能接受有关数学、科学和语言方面的知识。

◎**音乐胎教有助于培养表达能力。**音乐有特色的节奏、音调以及反复吟唱的部分可以增强胎宝宝的理解和记忆能力，出生后宝宝的表达能力也会更强。

◎**音乐胎教具有安抚作用。**音乐胎教能使准妈妈感到轻松愉快，情绪稳定，并将这种信息传递给腹中的胎宝宝，使躁动于腹中的胎宝宝深受感染，能够留下深刻的印象，并随着母亲的心跳、呼吸，如海洋般宁静。

准爸爸和准妈妈的歌声也是这一时期最好的胎教音乐，可以给胎宝宝唱欢快的儿歌，也可以用抒情的旋律配上充满爱意的歌词向胎宝宝传递心意。

快乐孕期快乐胎教

选择音乐胎教的秘诀

给准妈妈听的音乐，应以优美、宁静为宜，可使准妈妈使心旷神怡、浮想联翩，从而改善不良情绪，产生良好的心境。

给胎宝宝听的音乐，应以C调为主，基调轻松、活泼、明快，以不带歌词为好，这样能激发胎宝宝的情绪和反应，但注意避免听节奏过强、力度过大的音乐。

另外，有专家主张根据胎宝宝的性格来选择乐曲，因为人的个体差异往往在胎宝宝时期就有所显露，胎宝宝有的"调皮"，有的"淘气"，也有的文静、老实。对于那些文静、不爱活动的胎宝宝应听一些轻松活泼、跳跃性强的儿童乐曲，如《小天鹅舞曲》、《快乐的罗索》等；对于那些活泼好动的胎宝宝应听一些节奏舒缓、旋律柔和的乐曲，如《摇篮曲》等。

语言胎教：胎宝宝的语言启蒙老师

优美的语言就像鲜花一样，它不但可以调节准妈妈自身的情绪，使之进入愉快而平静的状态，而且还能促进胎宝宝的大脑发育。

孕期准妈妈要时刻牢记胎宝宝与自己是一体的，要经常与他交谈，这是很重要的。准妈妈可以给胎宝宝讲述自己一天的生活，比如早晨、中午、晚上的一些新鲜事和亲身经历，自己有什么感受，这些都可以作为与胎宝宝沟通交流的内容。

准妈妈通过与胎宝宝一起去感受、思考这一天的生活，会使母婴间的感情更加牢固，并能逐步增强胎宝宝对准妈妈的信赖感。

语言胎教，给胎宝宝美好的启蒙教育

准妈妈或准爸爸用富有感情的语言，有针对性地与胎宝宝讲话，这样可以给处于发育期的胎宝宝最原始的语言印记，从而为胎宝宝将来学习语言打下基础，这就是语言的启蒙教育，即语言胎教。

准爸妈进行语言胎教可加强胎宝宝的语言接受能力，这样，随着胎宝宝的生长发育，其理解能力以及逻辑思维能力就会越来越强，胎宝宝出生后，其语言表达能力也会较一般没有接受过语言胎教的宝宝要强很多。

另外，进行语言胎教，既锻炼了胎宝宝的听觉能力，又锻炼了胎宝宝的思维能力。经过语言胎教的训练后，胎宝宝出生后不久便能听懂准爸爸和准妈妈的对话，并且能很快地形成持续的、准确的表达方式。

但每天进行语言胎教的时间不宜过长，而且准妈妈在跟胎宝宝讲话时，要注意语言的规范性，对于事物的名称也要用正确的称谓，当教他认

⬆ 准妈妈可以通过讲故事的形式，对胎宝宝进行语言胎教。

识汽车时，不要以"嘟嘟"声来代替，否则胎宝宝会把"嘟嘟"改称为汽车，将来还会再重新学习一次，会使他感到很困惑。有的准妈妈习惯于使用简短的句子来跟胎宝宝讲话，实际上，这会大大限制胎宝宝的思维能力和语言能力。很多准妈妈认为胎宝宝对比较长的句子不能理解，而通过研究证明，胎宝宝对于语言的理解能力是很强的。有一则报道中提到，一个孕妇曾经在美国的一所"胎宝宝大学"接受了一段时期的语言训练，她的宝宝出生后仅仅9周的时间，便可以对着录像机所放映的节目说出"Hello"！

通过准爸爸和准妈妈的语言刺激，胎宝宝在语言能力方面会发展得很快，整个智力水平也会有所提高。

 语言胎教能增强亲子关系

孕晚期胎宝宝的听觉能力和感觉能力已经初步形成，父母对其讲的一些话语能在其脑海里留下浅显的印记，而当宝宝出生后再次听到爸爸或妈妈的声音时，就会感到格外亲切，这就是宝宝对胎宝宝期间记忆重现的表现。

当新生宝宝哭闹时只要听到妈妈的声音就可以立刻安静下来，由此可知妈妈的声音对于新生宝宝来说具有安抚作用。实验也证明了这一点，当一个新生儿躺在床上，妈妈和另一个女性同时喊"宝宝"，出人意料的是每次新生儿都会准确地将眼睛朝向自己的妈妈这边。

可见，准爸爸和准妈妈经常同胎宝宝说话，可增强亲子关系，让胎宝宝出生后对爸爸妈妈的声音更敏感。

快乐孕期快乐胎教

培养胎宝宝"听"的能力

有些准妈妈会产生这样的疑问："孩子那么小，我该给他说点什么呢？"实际上，语言胎教最主要的是培养胎宝宝"听"的意识和能力，让胎宝宝对语言产生感觉。如在孕中期和孕晚期，准妈妈一般都会感觉到明显的胎动，此时可通过描述胎宝宝的形象和动作训练胎宝宝的听力，如："这是宝宝的小头吗？昨天往左边伸，今天向右边伸，左三遍，右三遍，看来你比较喜欢锻炼。"

一般来说，胎动在晚上比较频繁，这时，准妈妈就可以对胎宝宝说："宝宝，你看，满天的星星多美啊！"准妈妈丰富、生动的语言，承载着浓浓的爱意，唤起胎宝宝对外界的好奇，还能对胎宝宝的智力发育起到积极的作用。

↑ 在对胎宝宝进行语言胎教的过程中，准爸爸应积极参与。有研究表明，胎宝宝非常喜爱父亲的声音。

胎宝宝爱听"妈妈语"

有关研究证明，胎宝宝由于受到早期特殊接触刺激的影响，他们对言语的喜爱多于非言语，尤其是喜欢母亲声音高于陌生人，对母亲所用语言的喜爱高于另一种语言，而对于某种熟悉的言语的喜爱高于不熟悉的言语刺激。

大多数准妈妈对胎宝宝说话都会不自觉地使用"妈妈语"，即儿向语言，这种语言具有语速慢、声音高和音调高度夸张等特点，胎宝宝对这种语言的刺激十分偏好。由此，在进行语言胎教时应避免使用单一的语音资料，而应该由准爸爸或准妈妈对胎宝宝施行儿向语言，这样更有效、更科学。需要格外注意的是，所谓的"妈妈语"并非只是准妈妈所说的语言，准爸爸也可以对胎宝宝说具有儿向语言特点的"妈妈语"。

出生前胎宝宝听到最多的是来自于父母的语言，无论语速、词汇、节奏、语调都是最早被胎宝宝熟悉的，因此，准爸妈要多注意自己的语言方式，从这种意义说，准爸妈是胎宝宝语言上的"启蒙老师"。

胎宝宝喜欢准爸爸的声音

准爸爸的声音频率很低，大都属于磁性的中音或低音，较之于准妈妈高频且尖细的声音更容易被胎宝宝听见，因此，准爸爸更适合对胎宝宝做语言胎教。英国科学家曾做过这样一个实验，曾给几个7个月大的胎宝宝常听低音管乐曲，通过观测发现这几个胎宝宝的胎动较强。后来这几个胎宝宝出生后只要一听到类似男子声音的乐曲，就会停止哭闹，立刻安静下来。这项研究结果表明，胎宝宝更易接受父亲所发出的低频声音。

在英国还有一位父亲，从妻子怀孕后的第6个月开始，经常抚摸着妻子的腹部，同胎宝宝讲话，如"小宝宝，爸爸爱你！""宝宝，你想爸爸了吗？"等。每当他对着胎宝宝讲话时，准妈妈都感到了胎动。而当宝宝出生后，只要听到爸爸的声音，就会立刻停止哭闹，变得非常乖。

语言胎教内容应简单明了

进行语言胎教时的内容不应太复杂,以简单明了为好。准爸妈也可以自主安排与胎宝宝的对话,只要用语气舒缓、充满爱意的"妈妈语"即可。这里可以给准爸妈一些"妈妈语"的参考。

问候的语言	赞美的语言
"宝宝早上好!" "宝宝中午好!" "宝宝睡得好吗?" "宝宝开心吗?"	"宝宝可真乖!" "宝宝最懂事!" "宝宝最可爱!" "宝宝最漂亮!"
期盼的语言	
"宝宝将来要像爸爸一样能干!" "宝宝要快快长大!"	
还有一些是用于语言胎教的开始与结束的惯用语言	
"妈妈和宝宝说话了!" "宝宝累了,要休息一会儿!" "宝宝,明天见!"	

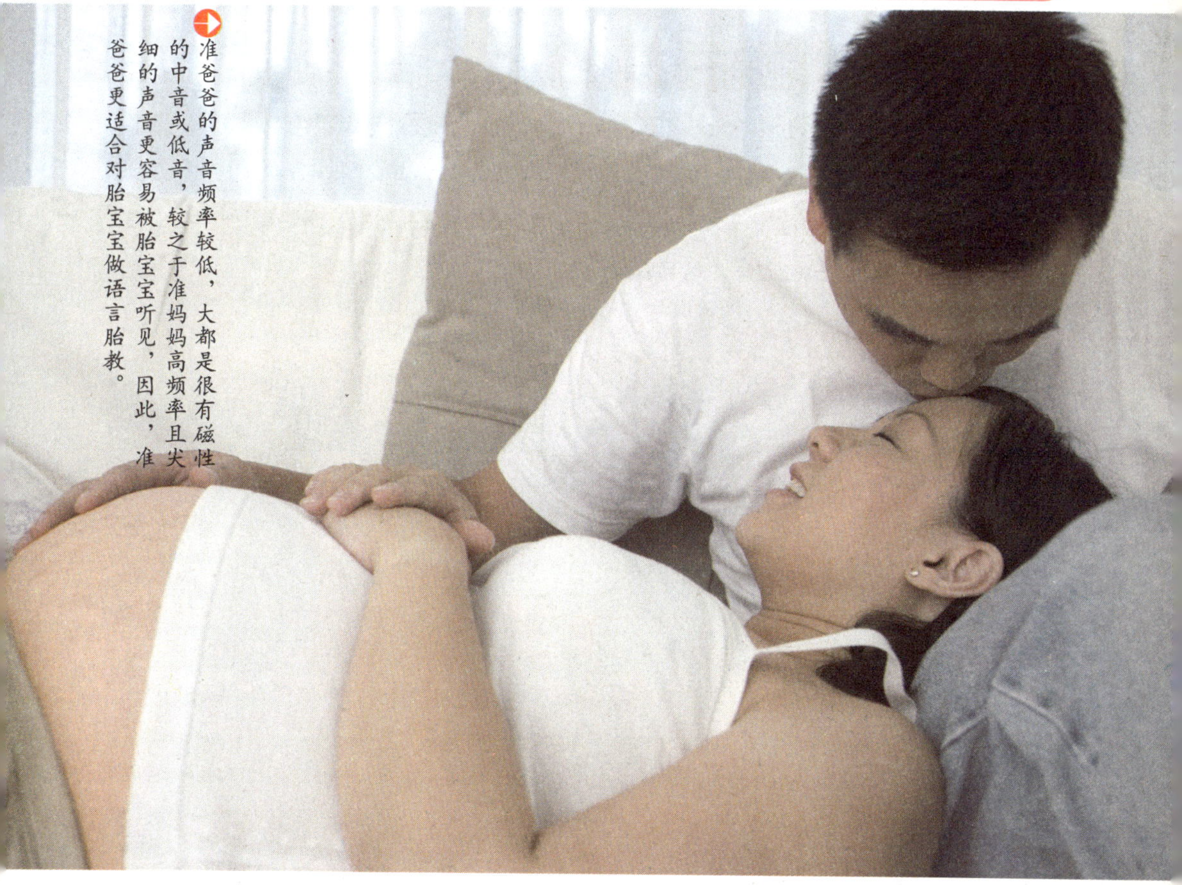

➡ 准爸爸的声音频率较低,大都是很有磁性的中音或低音,较之于准妈妈高频率且尖细的声音更容易被胎宝宝听见,因此,准爸爸更适合对胎宝宝做语言胎教。

在进行语言胎教时准妈妈和准爸爸内心都要充满热情，这样语言胎教时的效果才会更好。如果准爸妈还没想好对胎宝宝说什么，可以给胎宝宝阅读一些优美的童话故事或诗歌。

从某种程度上讲，语言是带给胎宝宝一种声音上的刺激，这些声音反反复复会在胎宝宝的大脑中留下浅显的痕迹，而这些痕迹在胎宝宝出生后将会继续发挥作用，因此当宝宝听到同样的音调、声音、语气时，他会对这些有印象的痕迹进行再次确认，因为脑海中已经有过这种框架，再接受起来就很容易了。

有关专家曾做过这样一个实验：在孕期最后的7周准妈妈每天大声朗读一篇童话故事，在其出生后无论是妈妈还是陌生人朗读这篇童话时，宝宝都会出现再现反应。这也说明胎宝宝会对在他们胎宝宝期时接触过的特定的声音加工并记忆储存。

准爸妈可以选择几篇优美的童话故事、诗歌、歌谣等，每天读给胎宝宝听，可定时进行，最好配以节奏舒缓、轻柔的音乐。讲解时不要只是朗读，最好还要做到声情并茂，以便于更好、更具体地传递给胎宝宝有用的语言信息。

语言胎教可采用不同语种

胎宝宝的听觉系统到孕24周基本发育完全，此时是进行语言胎教的黄金期。

孕晚期胎宝宝对于语种已经具备了辨析能力，因此，可以对胎宝宝朗读一些简短的外语美文，或者也可以播放一些外语歌曲。想要让胎宝宝对多种语言感兴趣，就应多播放一些语种，要注意坚持，这样才能达到预期的效果。

快乐孕期快乐胎教

准爸爸与准妈妈经常与胎宝宝说话，能促进其出生以后在语言方面的良好教育。

语言胎教的题材类型多种多样，父母可以将日常生活中所见、所闻、所想作为与胎宝宝聊天的内容，也可以将科普知识作为话题。比如，准妈妈对胎宝宝讲述自己一天的生活，早晨醒来第一句话是："亲爱的小宝贝，早！"打开窗户时说："红彤彤的太阳升起来了"等。

孕18周开始数胎动时，准妈妈可在胎动时多与胎宝宝进行对话，如在对胎宝宝体态的丰富想象及胎动的生动描述可以这样说："亲爱的宝宝，这一下是头在撞宫壁，练的是铁头功呀；这一下是踢足，大有足下生风，击球射门之势呀"，同时一边联想一边喝彩并进行鼓励，这样既增进了母婴之间的感情交流，又监测了胎动，真是一举两得。

语言胎教要注意什么

◎语言胎教的内容不宜太复杂,以简单为主,准妈妈可采取坐式或者卧式。

◎进行语言胎教时,应在胎宝宝醒着时进行,最好与抚摸胎教并行,可以边抚摸边对宝宝说话。早上、午休醒来以及晚上临睡前都可以进行。

◎语言胎教的时间以每次5~10分钟为宜。

 ## 与胎宝宝说话也需要技巧

跟胎宝宝进行对话,将快乐的情绪传递给他,不仅能促进胎宝宝健康发育,还能让准妈妈更快地进入角色。但是,跟胎宝宝说话也是需要一定技巧的。

◎准妈妈讲话时要做到声音温柔、音量适中、吐字清晰、语速缓慢,并且要发自内心。因为声音通过羊水的传递会减弱声音的效果,因此准妈妈在同胎宝宝讲话时,音量要偏大一些,清晰一些。

◎准妈妈坚持进行语言胎教,切不可三天打渔两天晒网,至少每天要坚持进行一次。

◎准妈妈不要觉得自己有精神上的负担,更不可有负面情绪,比如"烦死了"之类的抵触情绪,否则在无形之中就会形成一种压力,而这种压力也会传递给胎宝宝。

◎准妈妈要保持轻松愉快的情绪。

◎准妈妈散步不仅有利于身体健康,也可进行语言胎教。比如当看到菜场、花店、超市、高楼大厦,都可以告诉胎宝宝那里是做什么的。也可以到一些风景宜人的公园散步,在感受大自然的勃勃生机和人们的欢声笑语时,把自己的所见所闻一一描述给胎宝宝听。

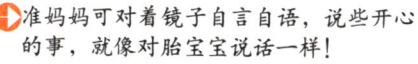 准妈妈可对着镜子自言自语,说些开心的事,就像对胎宝宝说话一样!

美育胎教：母子一起感知美好事物

🌱 什么是美育胎教

美育胎教是指根据胎宝宝意识的存在，通过准妈妈对美的事物的感受而将美的意识传递给胎宝宝的胎教方法。准妈妈通过看、听、体会，享受着世界上各种各样的美，而胎宝宝却无法看到、听到、体会到这一切，所以准妈妈要通过自己的感受，将美的事物经神经传导并输送给胎宝宝。美育胎教也是胎教学的一个组成部分，它包括自然美育、感受美育等方面。

🌱 美育胎教的作用

美育胎教运用审美心理学的知识，强调胎教中准妈妈的审美感知、审美情感、审美想象和审美理解，从而达到优化和加强胎宝宝审美能力的目的，为提高胎宝宝出生后对美的感知奠定基础。

🌱 享受美育胎教的方法

◎**带着胎宝宝去感受大自然**。准妈妈经常到大自然中去欣赏美丽的景色，然后将对大自然的热爱之情经过提炼传递给胎宝宝，能促进胎宝宝神经系统的发育，使胎宝宝也能得到大自然的陶冶和熏陶。同时，准妈妈经常走近大自然，呼吸新鲜空气，也有利于胎宝宝的大脑发育。

◎**准妈妈培养自身气质**。准妈妈如果有优雅的气质、饱满的情绪和文明的举止，就能感受到来源于自身的一种美。这种感受确立了准妈妈的审美观，也能将这种审美观传递给胎宝宝，使胎宝宝在母体内得到美的熏陶。

◎**美容、穿衣也属于美育胎教**。在怀孕期间，准妈妈也可以打扮得漂漂亮亮。一方面是自娱自乐的一种方式，另一方面，在追求美的同时，别人看了对你赞美，自身也会有愉悦感，也会更自信、乐观、心情舒畅。因此，适当地打扮自己无论对自己还是对胎宝宝都是很有意义的。但注意不要浓妆艳抹。

专家建议孕期的女性必须注意提高自身修养，注意个人言行举止，不仅要精神焕发、穿着整洁、举止得体，还要适当丰富自己的精神生活，如多听音乐、多看书、旅游、欣赏美术作品、绘画、做手工等。胎宝宝在准妈妈得体的举止中，也会受到感染和教化。

抚摸胎教：从抚摸开始，让亲子关系更紧密

准妈妈的爱抚很重要

心理专家认为，皮肤作为感觉器官，是一种需要通过抚摸才能得到满足的心理器官。如当宝宝哭闹时，只要妈妈用手摸着他的小脸，亲亲或抱抱，或用手轻轻抚摸他的手和头，宝宝大多会停止哭闹。

孕7周时胎宝宝的皮肤才能对触觉做出一些反应，他们在妈妈的子宫里所受到的触觉刺激，如手掌、脚掌、前额、嘴唇等处，在胎宝宝出生后这些部位会变得非常敏感。由此可知，准妈妈在孕期如果能对胎宝宝经常进行抚摸，就能大大提高胎宝宝对刺激的敏感性，而且有利于胎宝宝的身体反应灵敏度。

抚摸胎教，使亲子关系更加紧密

抚摸胎教是指准妈妈用手轻柔地抚摸腹部，通过这种动作方式将刺激传递给腹中的胎宝宝，以达到触觉上的刺激，这种方法能促进胎宝宝感觉神经和大脑的发育。

◎经过抚摸胎教训练后的胎宝宝出生后，肌肉的韧性比较强，对外界的环境有较强的适应性，而且反应灵敏，爬行、站立、行走、转身等动作都能很快学会。

◎抚摸胎教能使胎宝宝神经系统活动旺盛，让他们放松情绪，加速生长发育速度。

◎抚摸胎教有助于增强胎宝宝皮肤触觉的灵敏度，并能通过触觉神经以感受体外的刺激，从而能促进胎宝宝大脑细胞和神经系统的发育。

➡抚摸胎教有助于增强胎宝宝皮肤触觉的灵敏感，并能通过触觉神经感受体外的刺激，促进胎宝宝大脑细胞和神经系统的发育。

◎抚摸胎教有助于胎宝宝在子宫内的活动能力。经过抚摸胎教锻炼的胎宝宝出生后，在爬行、行走等运动方面，都比一般的胎宝宝较快学会，且动作灵活，步调平稳。

抚摸胎教，不仅可以让胎宝宝感受到来自准妈妈的爱，也是一种准妈妈放松心情、舒缓紧张情绪的一种方式。一方面，胎宝宝能获得安全感，另一方面，还能激发胎宝宝活动的积极性。通过抚摸胎教，母子间的沟通和交流也得到了加强，有助于胎宝宝的健康发育。

 ## 抚摸胎教应选择最佳时机

在孕10周时，通过B超能清晰地看到胎宝宝在妈妈子宫内做吞咽、转身、翻转等动作。到了孕19周时，准妈妈能很明显地感觉到胎动。而在第20周时，准妈妈基本上就可以进行抚摸胎教了。

 ## 抚摸胎教的注意事项

准妈妈要注意每次进行抚摸胎教的时间不宜过长，以每次5分钟、每天2～3次为佳。抚摸时，动作一定要轻柔，不可过于用力。

当胎宝宝出现反常的举动时，比如"拳打脚踢"，准妈妈应立即停止抚摸，因为这可能是胎宝宝感到不舒服的反应。

特别需要注意的是，有习惯性流产和早产史以及患有高血压等疾病的准妈妈，不宜进行抚摸胎教。

 ## 抚摸胎教分三步

前奏曲

通常胎宝宝在傍晚时活动较多，准妈妈宜选择这个时间进行抚摸胎教。准妈妈仰卧在床上，全身放松，使腹部保持松弛的状态，双手再放在腹部上。

抚摸

在音乐声中准妈妈抚摸胎宝宝的头部、背部、四肢以及臀部等。这些动作都可以帮助胎宝宝转身、翻转，就好似帮胎宝宝做"体操"，如同推着他散步一般。每次运动的时间不宜过长，以5～10分钟为宜。

踢肚游戏

当胎宝宝踢准妈妈肚子时，准妈妈随即轻轻拍打被踢的部位，然后再慢慢等待第二次被踢。通常情况下，胎宝宝会向同一方向踢去，准妈妈如果改换拍的部位时，胎宝宝也会向改变的地方踢去。不过要注意的是，准妈妈所变换的位置间隔不要相距太远。每天准妈妈可以与胎宝宝玩两次。

抚摸胎教有技巧

大多数准妈妈以为只要轻轻地抚摸腹部就是抚摸胎教了，其实，抚摸也是讲究一定的技巧的。专家提醒，用手抚摸腹部的方向最好从左到右、从上到下，这里需要格外注意的是孕期32周前从上到下，孕期32周后则需改成从下到上；而在具体的手法上，准妈妈应先用中指和食指轻轻地按压胎宝宝，待有胎动反应时，再轻轻触摸，随着有规律的按压，胎宝宝就会主动迎上来了。

⬆ 准妈妈可以选择一首优美的曲子，躺在床上全身放松，轻轻地抚摸腹部，如和胎宝宝做"抚摸游戏"。

快乐孕期快乐胎教

让准爸爸参与抚摸胎宝宝

做抚摸胎教时，可以让准爸爸参与进来，这样可以使准妈妈保持良好的情绪。准爸爸可以用手轻轻地抚摸准妈妈的腹部，同时用充满爱意的声音同胎宝宝对话，这样有利于建立亲密的亲子关系。

意念胎教：让想象成为现实

意念胎教又称为想象胎教，就是指准妈妈用自己的想象来塑造理想中的胎宝宝，对正在迅速发育的胎宝宝大脑、形体和容貌以及各个脏器形成刺激，使胎宝宝按照准妈妈这些主观意念去发育成长，最终实现准妈妈的想象，成为健康、聪明、可爱宝宝的过程。这就要求准妈妈要先有一个美好的愿望和期待的理想形象，然后按照这个形象去想象。

在我们身边也会有现实的例子，本来容貌一般的父母，能力也没有多么超群，但他们生出的孩子却英俊漂亮、智力非凡。虽然原因可能有很多，但意念胎教可能会占一定的因素。

由此可见，准妈妈与胎宝宝在心理与生理上都是相通的。从胎教的角度来看，准妈妈的想象是先有一个意念，然后再通过意念转化、渗透，让胎宝宝感受到准妈妈的想象。同时准妈妈在为胎宝宝构想形象时，也会把自己的情绪调整到最佳的状态，从而促进自己体内具有美容作用的激素增多，也会使胎宝宝面部器官的结构组合及皮肤发育得更好，从而让意念胎教达到更理想的效果。

⬅ 准妈妈可以经常进行意念胎教，如"宝宝，你出生后长得会像谁呢？"

调整身心，开始意念胎教

意念胎教竟然有如此神奇的功效，准妈妈在孕期不妨每天利用10分钟左右的时间来充分想象一下未来宝宝的模样吧，胎宝宝也是能深切感受到的哦！准妈妈开始进行意念胎教的时候首先要让全身心彻底放松下来，可以先深深地吸气，再慢慢地吐气，吐气时要大口缓慢地呼出，以便将心里的紧张、压力以及不愉快统统释放出来。接下来就可以开始发挥想象的空间了，可以想些令人愉快的场景、令人高兴的事情，以此提高准妈妈的自信心，并克服孕期焦虑不安的情绪，也可以最大限度地激发胎宝宝的潜能。

施行意念胎教必须循序渐进、由浅入深、由具体到抽象、从感性到理性。准妈妈要不厌其烦地一遍又一遍向胎宝宝"传达"相关的意念。不要怕麻烦，不断累积就会有效果。即使遇到暂时的困难，也要坚定信心，持之以恒。

 ## 一边想象，一边画画

意念胎教可以从孕早期开始，这时候的胎宝宝也许还只是一个小小的嫩芽，准妈妈仍然可以充分想象，经常想着胎宝宝会长得像谁、性格会是怎么样的，甚至也可以想象一下你希望以后宝宝成为一个什么样的人，这些令人心潮澎湃的画面——浮现在准妈妈的头脑中时，准妈妈身上的每一个细胞都会膨胀，充满着开心、兴奋和活力的因子。

准妈妈在想象这一切的时候，也可以取一张白纸，然后画出你想象中宝宝的可爱模样。他的眼睛是大还是小、眉毛是粗还是细、鼻子是高还是矮、脸型是圆还是长等；你也可以在画的空白处写下你对宝宝将来的寄语，如"亲爱的宝宝，妈妈希望你以后成为一位英姿飒爽的飞行员"。准妈妈们还在犹豫什么？赶紧拿起画笔，开始你们的想象之旅吧！

 ## 意念胎教还可增强宝宝的认知能力

准妈妈可以通过意念胎教，给胎宝宝进行某些方面的知识训练，尤其是在学习图形、字母、拼音、数字等比较抽象且无趣的知识时，运用想象力将其形象传输给胎宝宝，并运用绘声绘色的语言表达、具体形象的物体或者文字，将准确信息传递给胎宝宝，让胎宝宝对其产生深刻的印象，在出生以后能够更快地认识并掌握它们。当然，在这一过程中，准妈妈一定要充分发挥自己的想象力，把所学的知识点想象成有趣亲切的身边事物，让无穷的想象力帮助胎宝宝留下难以抹去的印迹。

光照胎教：增强胎宝宝的视力和反应力

所谓光照胎教，就是指给尚在腹中的胎宝宝以适当的光亮刺激，以促进胎宝宝视网膜光感细胞的功能尽早完善。胎宝宝在子宫里永远都处于一个黑暗的环境之中，而光照胎教主要就是针对胎宝宝所处的黑暗的环境所进行的调节和改善，希望可以让处于黑暗中的胎宝宝能看到光亮。

研究发现，胎宝宝的眼睛若看到不同于羊水的色彩，大脑就会产生某种反应，视觉冲动以电脉冲的形式在大脑细胞之间传递，而传递视觉冲动的电脉冲所经过的大脑细胞就会伸展出树突并和其他的细胞建立称为"突触"的联系。这样，胎宝宝的大脑细胞就得到了锻炼，大脑网络也就得到了发展。

 ### 了解胎宝宝的视力发育情况

胎宝宝的视觉发育比听觉发育要缓慢得多，其原因是显而易见的。虽然子宫内并不完全是漆黑一片，但也不适合用眼睛看东西。从孕早期到孕中期，外界的光线被准妈妈的腹壁和羊水挡住，因此，子宫内确实很暗。有关实验证明，用手术室专用的强光照射准妈妈的肚子，子宫内只能透入微弱的光线，在这种能见度很低的情况下，人类的眼睛还不能发挥其功能。

到了孕9月，随着胎宝宝的增大，几乎要碰到子宫壁，准妈妈的腹壁也变薄了，这时胎宝宝对光线的反应会更加敏感。如果准妈妈进行日光浴，胎宝宝就能感受到光线的强弱。

有专家在胎龄36周后胎宝宝处于清醒状态时，通过腹壁用医学专用的光照射准妈妈的腹部，在B超显像仪上即可见到胎宝宝的眼睑、眼球活动及头部回转做躲避样运动。这样对准妈妈腹部直接进行光线照射，有时会使胎宝宝感到不快。这时，如果胎宝宝不背过脸去，用电光一闪一闪地来照射准妈妈的腹部，胎宝宝的心搏数就会出现明显的变化。

在准妈妈宫内，胎宝宝的视神经和视网膜都尚未发育成熟，强光对胎宝宝而言的确太刺眼了，胎宝宝会将脸转到一旁或闭上眼睑。而弱光则会使胎宝宝十分感兴趣地将头转向光源的位置。

一般而言，胎龄越大，胎宝宝对于光线的刺激越敏感。

光照胎教的首推形式——室外活动

准妈妈到室外活动也是进行光照胎教的一种方式，如果是夏季，可穿薄的上衣，让腹部可以直接接受阳光的照射，胎宝宝同样也会受到光的刺激，达到光照胎教的目的。但是夏季进行光照胎教时一定要注意防止紫外线的照射，并避免在强光下行走，因为强烈的阳光对于胎宝宝来说是一种过分耀眼的光线。

准妈妈还可以在天气晴朗时外出散步，选择林荫小道或者有树荫的院落或者公园，环境要相对安静，空气要清新。树荫下的斑驳光线可让胎宝宝感受到光线强弱的对比。也可选择独立的一棵树，一会儿沐浴在阳光下，一会儿走入树荫，这样反复多次练习，不仅能让胎宝宝感觉到光线明暗的不同，也能做适当的运动，是一项不错的胎教方式。

另外，准妈妈每天早晨和傍晚时分进行散步对胎宝宝视神经的发育大有裨益，这样会让胎宝宝逐渐熟悉外界昼夜的周期。

光照胎教的热门形式——日光浴

日光浴就是晒太阳，这对于胎龄5月以上的胎宝宝来说非常重要。进行日光浴最重要的一点就是要根据季节、时间以及每个人的具体情况来灵活掌握时间。比如夏天就不用进行专门的日光浴，只要进行适当的室外运动即可；春秋季节则需在每天9：00～16：00晒晒太阳；冬季则适宜在每天的10：00～15：00晒晒太阳，以保证阳光充足。每天晒太阳的时间均以1小时为宜。

另外，准妈妈在进行日光浴的时候，只有注意以下几个方面的问

➡ 隔着玻璃晒太阳不如在户外晒太阳好，准妈妈还是常出去散散步、晒晒太阳吧！

题，才会对胎宝宝有益。

◎准妈妈在进行日光浴的时候最好选择在上午进行，因为此时的空气质量较好。

◎进行日光浴时，不宜空腹，也不可入睡，而且还要酌情暴露肚皮，更应该经常转换体位。

◎夏天要戴草帽和墨镜以保护头、眼部位，预防中暑；冬天要适当穿得厚一些，要注意预防感冒及其他疾病。

◎日光浴后不宜立即洗澡。

◎坐在屋子里隔着玻璃晒太阳实际上只是得到了阳光的温度，却拒绝了日光的营养，所以最好在自然条件下接受阳光。

光照胎教的注意事项

◎**避免用强光照射胎宝宝。** 实验表明，由于胎宝宝的视神经、视网膜还未成熟，光线太强就会给他带来不舒服的刺激。所以，在进行光照胎教时，准妈妈要注意光照的亮度，避免使用强光照射胎宝宝。

◎**坚持每天进行。** 光照胎教也和其他胎教一样，不能半途而废，最好能每天坚持进行，每次的时间不宜过长，并且还要随时体会胎宝宝的感受，如果胎宝宝做出激烈的反抗则需立即停止。

◎**不要在胎宝宝睡觉时施行光照胎教。** 这样极易影响其正常的生理周期，一般应在有胎动的时候进行。

◎**进行光照胎教时可以配合言语。** 如可以告诉胎宝宝现在是什么时候、你和宝宝在做什么等。这样综合性的良性刺激对胎宝宝会更有益。

快乐孕期快乐胎教

晒晒日光浴，对准妈妈和胎宝宝均有益无害。孕期准妈妈多晒晒太阳对身体是有好处的，因为通过阳光的照射，胎宝宝可以接受更多的钙质并能吸收和利用。常晒太阳可以保证准妈妈对钙质的需求量，同时又能保证胎宝宝骨髓的正常发育。钙在人体内的吸收与利用都离不开维生素D，而维生素D则需要在紫外线的参与下才能转化而成。

准妈妈可以选择在天气晴朗的时候去公园或郊外走走，每天晒太阳半小时，一边轻轻拍打自己的肚皮，一边跟胎宝宝对话，这样可以促进胎宝宝感官的发育，同时也能促进钙质的吸收。

知识胎教：培育聪明宝宝

知识，不仅可以增长见闻，还能修身养性、激励自己，更有助于身体健康。一本好书，能调节情感、解除烦恼、淡化忧郁的心情。知识同音乐一样，是一门充满感性色彩的艺术，能在情绪上引起共鸣而产生思维上的深远影响。如果准妈妈经常阅读，就可以将优雅的文学作品变换成语言信息传递给胎宝宝，从而增强胎宝宝的想象力和逻辑思维能力，经常阅读有助于母婴一起感受文学的趣味和优雅，培养艺术的细胞，从而促进胎宝宝大脑的发育。

不过，值得注意的是，准妈妈在阅读时也要有所选择，并不是所有的文学名著都适合准妈妈阅读。如一些言情小说里悲欢离合、缠绵悱恻的情节很容易使准妈妈伤心落泪，从而加重心理上的负担。另外，一些描写暴力的小说也不适合阅读，这样会使准妈妈产生恐惧、害怕的情绪，以免对胎宝宝产生不利影响。

准妈妈应该多阅读一些美好的童话故事、寓言、幼儿连环画、励志的短文、优美的散文以及诗歌等，运用丰富的想象力将这些美丽的情节和画面描绘给腹中的胎宝宝，以让胎宝宝更多地参与其中。如《安徒生童话》、《格林童话》、《木偶奇遇记》、《心灵鸡汤》、《爱的教育》等，这些书都富有正义而且能令人产生愉悦感。

准妈妈也可以选择具有文学涵养的古诗词、古文来阅读，如泰戈尔的诗文、中国古典诗词等，这些具有反映时代特征的文学作品能使准妈妈更好地接受文学作品的熏陶。如果准妈妈对文学抱有浓厚的兴趣，对于腹中的胎宝宝将会是另一种特殊的教育。

当准妈妈在给胎宝宝通过阅读讲解时，最好能在脑海中形成一幅幅画面，以便能生动形象地将有效信息传递给胎宝宝。

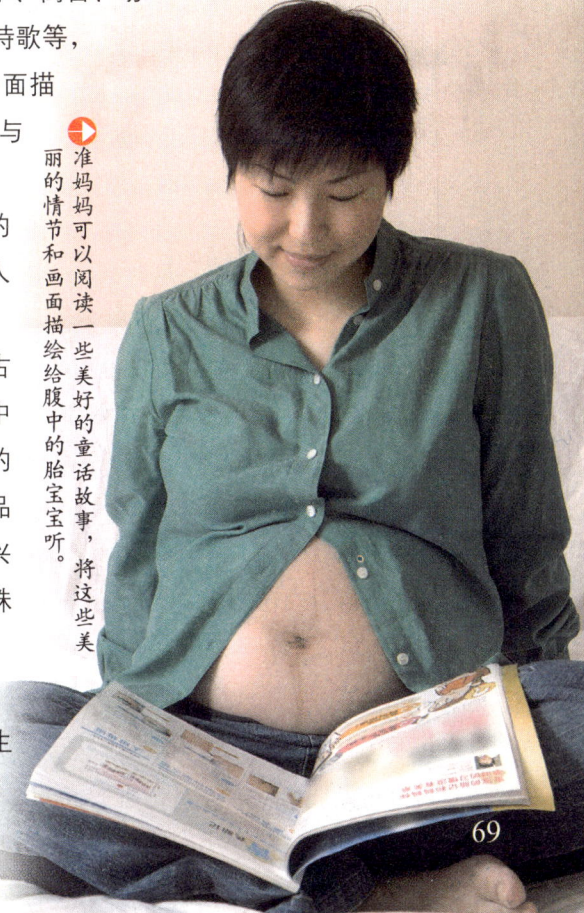

准妈妈可以阅读一些美好的童话故事，将这些美丽的情节和画面描绘给腹中的胎宝宝听。

专题 1　斯瑟蒂克胎教——跟着名人做胎教

斯瑟蒂克胎教有哪些成果

实子·斯瑟蒂克1945年出生在日本琦玉县，毕业于一所极普通的学校，之后只学过英语初级会话；她的丈夫约瑟夫高中毕业，只是从事机械工作的普通技术人员。他们两个人的智商都在120左右，却生出了四个智商在160以上的孩子。大女儿苏珊10岁时成为全美最年轻的大学生；二女儿斯蒂苯茜13岁时在芝加哥的曼达雷茵大学读二年级；三女儿斯蒂芬妮11岁时上高中三年级；最小的女儿吉安娜9岁上初中三年级。

四个天才儿童诞生于一个家庭，其几率微乎其微，而实子认为这一切都是进行胎教的结果。也就是说，四个孩子都是天才儿童这种情况，用遗传来解释是根本不可能的。斯瑟蒂克是日本人，丈夫约瑟夫是美国人，他们祖辈中不曾出现过伟人，他们夫妇俩也都是普通人。他们都是在普通的家庭里成长起来的，受的是一般教育，过的是极平常的生活。

所以他们会有如此出色的孩子，完全有可能是胎教的神奇作用，他们采用了胎宝宝容易接受的方法来进行胎教。

斯瑟蒂克胎教主张——胎教从优育开始

怀孕前的受精必须是在最佳状态下进行。也就是说，必须使最健康的精子和卵子结合。俗话说得好："好的开端是成功的一半。"任何一件事情的开始总是十分重要的。所以可以说，优育是胎教的开始。

首先说健康状况，斯瑟蒂克认为，母体必须健康这一点是不容置疑的，将成为父亲的准爸爸的健康状况也必须调整到最好，因为父亲的基因会直接影响到胎宝宝，其中特别有害的是夫妻任何一方在受孕前饮酒。精子或卵子受到酒精的侵扰后就会失去平衡，加快老化，使胚胎出现畸形，造成流产，即使没有流产，出生后的宝宝也会面临很大的危险。因此，夫妻双方要了解烟、酒、药的害处，凡是对母子健康有威胁的因素，都要在怀孕前3个月甚至是半年前坚决排除。

其次是做好心理准备，这是斯瑟蒂克进行胎教时的必备功课。她认为，胚胎的健康与否并不是完全依赖于遗传因素，创造新生命的父母心理是否健康也是相当重要的。所以夫妻双方对怀孕应该有充分的思想准备，不要出现当发现怀孕的时候觉得非常沮丧的情况。这种准备不能单单是母亲的，做父亲的也需要有思想准备。当夫妻之间有不稳定的因素存在，或是产生危机感时都要避免受孕。因为有担惊受怕、怨恨、牢骚的情绪时，身体内的血液与体液就会相应地偏向酸性，进而破坏体内的健康平衡，在这种状态下生成的精子和卵子也不会健康。而在身体的健康平衡时，当未来的母亲充满着幸福感，而丈夫也感觉到幸福时，这时受孕是最理想的。

最后这一点也是至关重要的，那就是夫妻双方都必须调整到一个最佳的状态，如果有任何一方存在不安定的因素，那么，胎教的基础从一开始就已经变得脆弱了。

 斯瑟蒂克胎教温馨提示

要有健康的生活方式

斯瑟蒂克主张准妈妈要处理好家务和胎教的关系。为了进行胎教，还需要留出一段安静的时间。但是，家庭主妇的家务事常常很多。如果准妈妈每天忙于家务，并且心里感到不满的话，腹中的胎宝宝也就不可能安心。因此，准妈妈必须认识到，巧妙地处理好家务事也是进行胎教的一个基本要点。

斯瑟蒂克有一个提高做家务事效率的窍门，即事先把每日的打扫工作、食谱及外出计划定下来。如星期一，打扫起居室、卧室外的地毯和家具；星期二，打扫和整理厨房；星期三，冲洗厕所和浴室；星期四，擦拭窗户和门框；星期五和星期六购物等。食谱也按日子定下正餐主菜，像蛋奶、鱼类、肉类等。实际上，只要制订一个适合自己生活规律的日程表，所有问题都能迎刃而解。

◆ 夫妻双方均做好孕育新生命的准备是胎教的最好开始。

正确与胎宝宝进行交流

晚饭后的1~1.5小时,父亲约瑟夫会盘腿坐在母亲斯瑟蒂克面前的地毯上和胎宝宝讲话。由于胎宝宝还未出生,所以不能离得很远,最好在50厘米左右的距离。对话时,父亲一开始就发出很大的声音是不行的,这样会使胎宝宝受到惊吓,所以应以平静的、亲切的、柔和的语调开始,随着对话内容的展开再逐渐提高音量,尽量使胎宝宝对声音产生安全和信赖感。刚开始时,父亲与胎宝宝对话的关键不是传递知识,而是让胎宝宝熟悉自己的声音,从而使胎宝宝产生一种安全感。这是因为胎宝宝一天24小时接触的都是准妈妈的声音,对低沉的男性声音是很不熟悉的。

在良好舒适的环境下进行胎教

准妈妈进行胎教时,也需要一个良好舒适的环境。良好舒适的环境包括气候舒适怡人、居住的周围整洁清爽、空气清新。在有汽车的喇叭声和摩托车的轰鸣声及人们的吵嚷声干扰的地方,不可能进行有效的胎教。包括电视节目中传来的喧嚣的对话、笑语也会影响胎宝宝领会准妈妈的声音。

为此,准妈妈进行胎教时要为胎宝宝找一个良好的场所。可以选择在离家不远的公园,或者环境幽雅舒适的小区,或者在播放着莫扎特音乐的安静的茶室……

外出散步给胎宝宝传授知识

周六和周日两天以及周一至周五的下午,斯瑟蒂克主要是为胎宝宝传授自然科学知识而外出散步。只要身体和气候条件许可斯瑟蒂克都会尽量外出,以给胎宝宝创造接触各种事物的机会,从而扩大其学习范围。斯瑟蒂克每次都稍微改变一下散步的路线,这样眼前出现的事物也会不一样,从接触的人物及装饰、橱窗的商品、花的颜色、变幻的天空等事物中,斯瑟蒂克总能发现一些新鲜和感兴趣的东西。这一个个真实的事物不同于幻想或书本内容,它们均是能用五官来感受的生动的教材。

➡ 准妈妈在一个环境优美、安静舒适的环境中学习孕产知识,对胎宝宝来说也是一种很棒的胎教方式!

斯瑟蒂克胎教的规则

母亲和胎宝宝是"一心同体"的,母亲的生活如果没有规律,那么胎宝宝也就不会有规律的生活可言。因此,制订一个孕期胎教的总规则是非常必要的。

一成不变,坚持不懈

按照斯瑟蒂克所说的,他们的这种生活规律一成不变地延续到大女儿苏珊出生为止。当然强调这个"一成不变"是很重要的,因为坚持很重要,这是唯一一个能让胎宝宝信赖母亲的方法,这种信赖关系一旦确立,胎宝宝听到母亲讲故事的时候,就会对母亲做出回应,什么时候休息,母亲都能通过身体感觉得到。

随时回应胎宝宝的一举一动

当第5个月感觉到胎动以后,胎宝宝的一举一动就会如实地传递给准妈妈了。由于"信赖"这一巨大纽带的连结,使胎宝宝和准妈妈的联系更加紧密,而这并不是凭空想象出来的。如果你每天的生活都是忙于别的事情,自然就不会有这样的体会;但如果你总是留心胎宝宝在倾听你的声音,感觉到胎宝宝是在与你一起进行任何事情时,那你就能明白这是胎宝宝的心情。

 斯瑟蒂克胎教带给我们的启示

在子宫中接受了胎教的宝宝好像已经做好了吸收新知识的准备,所以他们学习起来也会很快。斯瑟蒂克的大女儿苏珊还未出世的时候,他们就每天以充满爱的声音为她讲述生活中的一切,斯瑟蒂克觉得这样做一定会在女儿的大脑中留一点印象,这样她在母腹中所感知和理解的的东西就会永远存在于她的脑海中并影响她的一生,这样就为她的人生打下了一定的基础。斯瑟蒂克夫妇就是抱着这样的信念,所以他们在大女儿苏珊出生以后,仍然坚持对她讲话、讲解画册等一系列他们在胎教时所做的事。

每个小孩在出生后的第三天,父母就可以用手指教他们数数了。在喂奶的时候,甚至在任何时候都不能忘了跟他们讲话。不要认为对连眼睛还没有完全睁开的新生儿讲话是一件很可笑的事情。要相信他们还没出生的时候父母就已经做过胎教,对他们的素质进行了培养,因此,这种做法非常必要而且也并不可笑。

事实上,每个宝宝都会专心地倾听着父母说的话,并在很小的时候就会对父母的话做出反应。斯瑟蒂克夫妇的成功胎教对80后的准妈妈准爸爸来说也是非常好的借鉴。

专题 2　另类胎教，给胎宝宝的早教加分

性格胎教

　　胎宝宝在孕晚期已长成一个胖嘟嘟的小人了，而胎宝宝这时的性格主要受准妈妈的修养、兴趣、爱好、职业以及与准爸爸的关系是否融洽的影响。

　　如果准妈妈拥有较高的情操、豁达的心胸、乐观向上的心态、丰富多彩的生活，将会使胎宝宝感受到幸福。如果胎宝宝感受到的是温馨、融洽的气氛，其内心将会感到无比的幸福和美好，而其性格也会逐渐趋向于积极向上、乐观豁达；如果准妈妈的家庭环境恶劣，家庭关系紧张，甚至充满敌意和憎恨，或者准妈妈打心底就讨厌这个宝宝，这对于胎宝宝来说也是十分痛苦的，会影响到胎宝宝将来的性格特征。总之，准妈妈要注意保持良好的心态，将生活中所遇见的美好的事讲述给胎宝宝听，让他感觉到这个世界是多么的美好，是多么地欢迎他的到来，通过与胎宝宝一起生活、一起感受、一起成长，从而培养他果断勇敢、自信豁达、乐观向上的优良性格，也会使亲子关系更加融洽。

外语胎教

　　医学专家指出，如果胎宝宝在孕期常处于非母语的环境或准妈妈经常讲多种语言，胎宝宝出生后对于外语的学习能力往往比较强。因此，专家强调准妈妈在孕期进行语言胎教时可以多让胎宝宝听一些外语磁带，以培养胎宝宝对于外语学习的兴趣。准妈妈平时也可以多讲一些简单的英语单词，用一些生活中常见的英语单词，将自己看到的、听到的讲述给胎宝宝听，

➡ 有专家指出，经常对胎宝宝进行外语胎教，宝宝出生后的语言天赋可能会更好一些。

如果宝宝已经取好了名字，准妈妈可以经常呼唤他的名字。

拍打胎教

孕24周以后可以进行拍打胎教，这时准妈妈可以用手在腹部明显地摸到胎宝宝的头、背部和肢体。准妈妈可以平躺在床上，腹部放松，轻轻触压并拍打腹中的胎宝宝，就像在帮胎宝宝在子宫内做体操一样。

准妈妈在轻柔地拍打时，也可以同时做抚摸胎教，用手在腹部从上至下、从左至右来回地抚摸，从而给胎宝宝以触觉上的刺激。刚开始时胎宝宝可能不会有任何反应，准妈妈也不要灰心，一定要坚持并有规律地去做。几周后，胎宝宝就会对出现的刺激做出回应，比如手脚翻动、身体蠕动等。

心理胎教

心理胎教包括练习清净操、冥想和呼吸。这些方式都能让胎宝宝保持良好的情绪和心理状态。

比如，清净操最好从孕16周后开始练习，练习的时间以每天30分钟到1小时为宜，每天坚持练习直到分娩。

准妈妈进行心理胎教的训练，有助于减少由分娩所带来的恐惧感和紧张感，缓解各种压力和紧张的情绪，增强自信心。有的准妈妈在进行了心理胎教的练习后，自身的新陈代谢加快了，消化能力也得到了极大的改善，便秘症状也减轻了。

肚皮舞胎教

有些准妈妈会很担心腰部的剧烈活动会影响到胎宝宝的正常发育，答案当然是不会。肚皮舞这种胎教方式适合在怀孕前3个月以及在胎宝宝稳定的情况下进行。准妈妈的肚皮舞不需要剧烈地扭动腰部，而主要是利用腹部、骨盆和手腕来完成动作。特别是随着腿部的抖动可以减缓腰部的转动，这样不仅能锻炼到腿部的肌肉，还能会锻炼括约肌。但准妈妈如果进行肚皮舞胎教，需向专业人士或医生咨询，如有身体不适，则马上停止。

◎**跳肚皮舞有助于增强体力**。通过腿部运动带动腹部活动，可以锻炼上下肢的肌肉，同时增强体力，对分娩和产后育儿都会有很大的帮助。

◎**跳肚皮舞有助于消除便秘**。腹部、骨盆和括约肌充分运动，自然地刺激肠道，达到消除便秘的效果。

◎**跳肚皮舞有助于增添生活情趣。**伴随着极富异域风情的音乐翩翩起舞，可以使准妈妈提升自信，这种好心态甚至可以感染到胎宝宝。

◎**跳肚皮舞有助于减少分娩时的腰痛和腹痛。**跳肚皮舞有助于腰部的扭动，可以让平时不太活动的骨盆得到锻炼，从而减少分娩时的腰痛和腹痛。

 旅行胎教

　　一般来说，准妈妈采取的胎教方式以静为宜，如听音乐、看书等。不过到了孕中晚期，准妈妈已对怀孕的生活渐渐习惯，腹中的胎宝宝也稳定地成长，这时，可以做一次短途的旅行，能让单调乏味的生活充满闲情逸趣。而对于胎宝宝而言，这也是一种不错的胎教方式。准妈妈外出旅行，不仅可以呼吸到新鲜而清新的氧气，而且对于胎宝宝的大脑发育也极有好处，能让胎宝宝更加聪明、机灵。但运动量过大会收到适得其反的效果，准妈妈一定要注意。

　　出门旅行也要选对时间，如孕早期时准妈妈妊娠反应强烈，不宜外出旅行；临近分娩前行动不方便，也不宜外出旅行。在孕24周左右是准妈妈出门旅行的最佳时机。这时可选一个好天气，与胎宝宝和准爸爸一起享受户外的乐趣！

⬇ 准爸爸在妻子身体状况不错的情况下，可与其一起享受一下户外短途旅行的乐趣！

第 3 章

10月怀胎艰辛并快乐着,胎教3步曲如期而至

10月怀胎的艰辛历程,胎宝宝的知觉、触觉、听觉、视觉在慢慢地发生变化,准妈妈和准爸爸根据胎宝宝不同时期的发育状况实施科学而准确的胎教方案,将来宝宝会更加健康、聪明。

孕早期，胎教第1步

——胎教习惯养成时，激发胎宝宝的潜能

孕1月（1~4周）
为胎宝宝营造美好的环境

准妈妈与胎宝宝情况实录

让我轻轻地告诉你：

亲爱的宝宝，一想到可爱的你已经在妈妈的肚肚里孕育，妈妈就觉得好幸福啊！爸爸也很欢喜和期待，每天都会摸摸你，你感觉到了吗？你真是上天赐予妈妈和爸爸最珍贵的礼物，爸爸真是个急性子，已经迫不及待地盼望你出生的那一天啦！

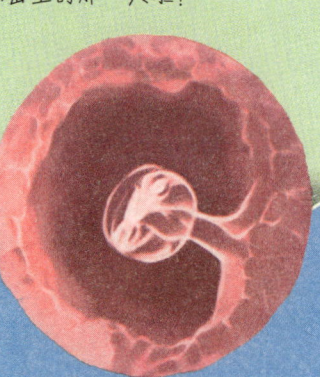

♥ 准妈妈的小小变化

小生命开始孕育：
　　第1~2周为受孕准备，即在排卵日，也就是月经来潮前的14天左右时进行性生活，卵子和精子结合，一个全新的小生命开始孕育，但准妈妈并未察觉，身体几乎没有任何变化，也无任何不适反应。

月经逾期：
　　一向规律的月经突然逾期不来，首先应想到是否妊娠。可先用测孕试纸检验一下，呈阳性则为妊娠的表现，应立即去医院确诊。

体温曲线持续高温：
　　测试基础体温，一般从低温期向高温期过渡的日期即为排卵期，若高温期持续2周左右转为低温期，多表明未妊娠；若高温期一直持续下去，并未转向低温期，则多半提示已有身孕。

★ 胎宝宝的小小变化

桑椹胚形成：
　　精子和卵子在输卵管相遇，并形成受精卵，经过快速分裂后受精卵逐渐形成桑椹一样的细胞团，被称为"桑椹胚"。

胚盘形成：
　　桑椹胚细胞团继续分裂，由于外周细胞比内部细胞分裂快，故在内部形成囊泡，囊泡内形成一个呈板块状的胚盘。

胚胎着床：
　　4~5天后受精卵到达子宫，待子宫内膜做好充分准备，大约7天后便着床于子宫内膜内，逐渐发育。

三胚层形成：
　　桑椹胚进一步分化，形成三胚层细胞群，即外胚层、中胚层、内胚层。不同的胚层将发育成不同的系统、组织和器官。

80后准妈妈的本月胎教主题：环境要舒适，干净应常在

■打造舒适干净的休息环境

孕期，准妈妈需要更多的安养和休息。尤其在孕早期会出现一些生理反应，使准妈妈出现嗜睡、呕吐等早孕反应。良好的睡眠可使处于代谢不稳定状态的母体得到保护，减少患病的几率，增强母体的抵抗力。

为了创造一个舒适干净的休息环境，准妈妈应该在这一个月里提前准备好舒适的床上用品。拥有一张软硬适度的床，对保证准妈妈良好的睡眠质量是十分必要的。准妈妈最好睡木板床，并铺上较厚的棉褥，以免因床板过硬而导致准妈妈频繁地翻身，从而使其睡眠不安。被褥要选择透气性好、保暖舒适的棉质面料，避免化纤产品对准妈妈的皮肤产生不良影响。枕头的高低也要适中，以平肩的高度为宜。枕头一旦过高，颈部会前屈，并压迫到颈动脉，使大脑血流量降低，从而引起脑缺氧，造成严重的后果。

除此之外，准妈妈还要时刻保持卧室的空气流通，在天气好的情况下，要经常通风换气。如果是夏天，为了避免蚊虫叮咬，要准备蚊帐。因为蚊帐不仅能防蚊虫挡风，还可吸附空气中飘落的尘埃，净化空气，有助于准妈妈安然入眠。

■家居布置要从小处着眼

为避免准妈妈和日后宝宝的安全，家具、饰品、玩具中装饰部件的尺寸不宜设计得过小或比较容易脱落，室内最好不要使用大面积的玻璃和镜子，家具的边角和把手也不要留棱角和锐利的边，地面上不要有磕磕绊绊的杂物等。

■准妈妈干干净净每一天

洗澡是准妈妈的重要功课，它不仅可以帮准妈妈清洁全身，更能促进体内血液循环、消除疲劳。然而洗澡

➡ 准妈妈洗澡较平常人有更多讲究，准妈妈要多多注意。

对于准妈妈来说绝非随随便便的一件事，尤其是对于某些特殊部位的清洁更是有诸多讲究。

◎**乳房的清洁**：洗澡时，注意用温水冲洗乳房，动作要轻柔，不要用力揉搓，过度刺激乳房也会诱发子宫收缩，造成不良后果。

◎**外阴部位的清洁**：外阴部位的清洁是准妈妈需要特别注意的一项。因为怀孕后阴道分泌物增多，有时会感觉瘙痒，所以清洗工作就显得格外重要。在清洗外阴部位时，最好用清水洗，尽量少用洗剂，更不要用洗剂冲洗阴道，否则会影响阴道正常的酸碱平衡而引起感染。

◎**肚脐的清洗**：可在每次洗澡前，用棉花棒蘸点乳液来清洗肚脐内的污垢，等其软化后再冲洗干净。

虽然洗澡对准妈妈的好处多多，但也容易因为一些小细节造成不可挽回的遗憾。那么，准妈妈在洗澡时应该注意些什么呢？

◎**避免坐浴**：受怀孕的影响，准妈妈的阴道免疫力会呈现下滑趋势，若经常坐浴，容易使细菌进入阴道，造成阴道炎、附件炎等妇科疾病。与坐浴相比，淋浴更适合准妈妈。

◎**注意洗澡前后的温差不要过大**：洗澡前后的温差过大，很容易刺激准妈妈的子宫收缩，容易造成早产、流产。特别是气温变化较明显的冬季，准妈妈不宜马上进入高温的浴室中洗澡，最好先将浴室的温度调至正常室温，进入浴室等到身体已经适应当前温度后再慢慢上调。

➜ 孕早期的准妈妈洗澡时需要特别注意水温的调节，保证洗澡前后的温差不要太大。

特别推荐：我们这样装扮居室

■ 用不同的色彩装扮温暖"小窝"

人的第一感觉就是视觉，而对视觉影响最大的则是色彩。色彩能够影响人的精神和情绪，它作为一种外在的刺激，通过人的视觉会产生不同的感受，给人以某种心理作用。因此，人在精神上感到舒畅或是沉闷，都与色彩对视觉冲击后的感受有着直接的关系。

可以说，不舒服的色彩如同噪声一样，使人感到烦躁不安，而协调悦目的色彩则是一种美的享受。因而室内色彩布置协调对准妈妈和胎宝宝十分有益。每种色彩都会带给人不同感受。如红色使人激动、兴奋，鼓舞斗志；黄色给人明快、灿烂的感觉，使人感到温暖；绿色清新宁静，给人以希望；蓝色凉爽；白色干净。因此，准妈妈应根据个人不同喜好，把房间装扮成不同的色彩，来调整不同的心理特征，使胎宝宝养成良好的性格。

■ 贴一张自己喜欢的宝宝图片

能够拥有一个聪明健康、漂亮活泼的宝宝是准爸爸和准妈妈最大的心愿。为了让自己能够美梦成真，不妨在家里贴一张自己喜欢的宝宝图片来装饰家居环境，让自己每天可以看着画中的宝宝，然后好好想象一下未来自己宝宝的模样，这样不仅可以使准妈妈的情绪达到最佳状态，还可以促进胎宝宝面部器官和皮肤的发育。

宝宝的可爱小模样，永远令妈妈陶醉。

80后准爸爸的胎教帮帮忙：当好"清洁工"和"后勤人员"的角色

■妻子洗澡时要做好后勤工作

爱护妻子，就要从小事做起，关爱妻子的一点一滴，妻子在洗澡时，准爸爸要做个有心的丈夫，一定要掌握妻子洗澡的合理时间和温度等情况。因为洗澡时，浴室内往往通风不畅、湿度大，且空气中的氧气含量较低，如果再加上热水的刺激，会使人体内的血管扩张，这样血液流入人体躯干、四肢较多，而进入大脑和胎盘的血液就会相对减少，氧气的含量也必然减少，因此，准妈妈很容易昏倒。如果准妈妈洗澡时间过长，除发生以上情况外，还会造成胎宝宝缺氧。因此，专家提醒，一般准妈妈洗澡时间不宜超过15分钟，或以身体不出现头晕、胸闷为度，尽量不要采取坐浴的方式洗澡，以防流产。

另外，洗澡水也不宜过热，否则不但会使准妈妈出现头晕、恶心等不良的反应，还会间接性地使胎宝宝出现短暂缺氧，这样胎宝宝的中枢神经系统会被损害，从而导致相应的器官发育受到影响。因此，准爸爸一定要时刻提醒妻子，洗澡的水温千万不要过热，水温最好保持在39℃以下。

■为妻子打扫边边角角

准爸爸要趁着妻子外出的机会，对家里进行一次彻底的大清扫。把杂物、摆放不恰当的物体都移开，以免伤到妻子。同时，对家里的每个死角都要彻底的清洁，并做好消毒工作。卧室更要保持清洁，并打开窗户通风透一会儿气，为准妈妈打造一个干净优雅的居住环境。

➡妻子怀孕以后，准爸爸要为妻子打造一个干净舒适的居住环境。赶紧开始大扫除吧！

本月辅助性胎教连连看

■ 营养胎教：及时、适度地补充叶酸

叶酸属于B族维生素之中的一种水溶性维生素，可以有效地预防神经管畸形的发生，故叶酸的补充刻不容缓，且最好在孕前3个月就开始补充，一直持续到孕早期以后。

在日常食物中，绿色蔬菜如扁豆、菠菜、芦笋及动物肝脏等都是叶酸最丰富的来源；其次为牛肉、土豆、全麦面包以及烘培豆类等，准备怀孕或已经怀孕的女性可以多摄取这些富含叶酸的食物。另外，准妈妈最好每日再添加服用0.4毫克的叶酸，特别是在受孕后第18～26天神经管形成的主要时期更应注意摄取。

准妈妈服用叶酸也应注意量的把握，长期过量服用叶酸会干扰准妈妈的代谢，影响胎宝宝的发育。所以，准妈妈在补充叶酸补充剂时最好听从医生的指导，根据自身情况适量补充。

■ 运动胎教：简单的站式瑜伽，情绪自我修复

孕早期，一般准妈妈都不太适应身体内分泌的变化，常常会出现无精打采、注意力不集中、身体不能达到平衡的状态。准妈妈早晨吃早饭后不妨到公园做做站式瑜伽，可以有效缓解上述症状。

1 抬头挺胸收腹，双脚并拢，保持身体直立。弯曲右腿，右脚脚底紧贴于左大腿内侧，这时用左脚控制身体的平衡。双手合十，均匀地呼气和吸气，保持这一姿势不变。然后慢慢地放下腿和手臂，双脚着地，让身体放松一下。

⬇ 准妈妈身处自然中做一些简单的瑜伽运动，有利于修复情绪、调整身体状态。

2 站直，抬头挺胸收腹，目视前方，张开双腿，保持宽于肩两倍的距离。右脚向外转90°，左脚向外转15°。身体朝前，一边吸气一边将双臂抬至与肩齐平。呼气，同时用右手轻轻地握住右脚踝或者放至膝盖上。左臂朝上伸开，与地面垂直，眼睛望向左手指尖。保持此姿势1～3秒，然后一边吸气一边恢复原位。

给胎教效果加分的生活细节

■ 不可忽视的怀孕征兆

很多已婚的女性通常是在意识到自己的月经推迟了,才会想到自己是否怀孕了。其实女性在怀孕初期,也会有一些其他的症状,如浑身燥热、倦怠等。一般来说,怀孕的"信号"有以下几种:

◎ **月经停止**:这是怀孕最显著也是最早的信号。有时女性的月经期会因为营养、饮食、心情等原因而出现紊乱的情况。如果月经期没有任何诱因而推迟了数天就应当引起警惕,这个时候,极有可能是怀孕了。

◎ **出现妊娠反应**:如果出现下面这些状况,如恶心、呕吐、乏力、嗜睡、嗜吃酸辣食物等,或体温持续偏高,排尿的次数增多,那么已经怀孕的几率是非常大的。

◎ **乳房出现明显变化**:女性在怀孕后,乳房会出现明显的变化,如出现胀、麻和微痒感,乳头上的颜色也会日渐加深,乳晕周围会出现深褐色粗大的结节。

■ 怀孕后远离宠物为妙

很多准妈妈非常喜欢养宠物,但这些宠物猫或宠物狗往往是弓形虫的携带体,其中又以宠物猫最为突出。弓形虫是一种肉眼看不见的小原虫。这种原虫寄生到人和动物体内就会引起弓形虫病。如果准妈妈不慎被感染,就可能将弓形虫传染给腹中的胎宝宝,甚至导致早产、流产、畸形等严重后果。

研究表明,猫及其他猫科动物是弓形虫的终宿主。一只猫的粪便中每天可以排泄数以万计的弓形虫卵囊。若被人或动物食入,就会经胃肠壁进入血液或组织,导致病毒感染。若接触了猫的唾液或饮用受污染的水及食用受污染的食物,都有被感染的危险。因此,至少应在孕前3个月就远离宠物,而且要做相应的体检,如果感染了弓形虫应该治愈后再考虑怀孕。

➡ 小宠物虽然非常可爱,但准妈妈为胎宝宝健康着想还是尽量远离它们吧!

孕 **2** 月 (5～8周)

你一笑，天空都万里无云了

准妈妈与胎宝宝情况实录

让我轻轻地告诉你：

每天早晨睁开眼的那一瞬间，妈妈第一个想到的就是你，我亲爱的宝宝，昨晚你睡得好吗？你是不是又长大了一点？每过一天，妈妈就更加接近宝宝，妈妈的心里感觉好甜蜜哦！虽然妈妈这时候已经有一些小小的不适，但是只要一想到身体里有一个你，妈妈就不会那么难受了，宝宝要和妈妈一起加油啊！

♥ 准妈妈的小小变化

出现早孕反应：
　　由于胎盘绒毛膜促性腺激素的刺激，大多数准妈妈出现恶心、呕吐等不适，同时伴有乳房肿胀、乳头敏感、尿频、嗜睡、乏力、情绪波动大等症状；少数准妈妈还会出现发热、头疼等类似感冒的症状。

饮食嗜好改变：
　　喜欢吃酸性食物，胃口变得不太好。

基础体温持续高温：
　　多数准妈妈的体温会呈现高温状态，这种状况可能持续15天左右。

⭐ 胎宝宝的小小变化

外形特征：
　　胎宝宝身长2～3厘米，重约4克，形似小蝌蚪。进入本月后胎宝宝的头已稍稍长大，松弛无力地垂下，已具有萌芽状态的手、脚和尾巴。

器官发育：
　　尚未发育好的心脏在身体的中央位置已经彭出，在B超下已经可以监测到心跳。视觉神经、听觉神经及脑都在快速发育；肝脏、胃等内脏也都有了雏形。胎宝宝为了获取准妈妈的养分，脐带组织发育得非常迅速。

支持系统发育：
　　囊胚着床于子宫壁后，胎宝宝的支持系统就开始发育。胎宝宝的营养供给中心——卵黄囊通过一个蒂与胚胎连接，卵黄囊内充满液体，胚胎漂浮在其中；外面覆盖着一层绒毛膜，绒毛膜外层的细小绒毛开始萌芽，将逐渐发育为循环系统。

80后准妈妈的本月胎教主题：心平气和地度过每一天

■冥想排忧法，让身心彻底放松

孕早期的准妈妈难免会因为身体不适而导致情绪失控，然而坏情绪对胎宝宝的生长发育具有一定的负面影响，所以准妈妈一定要及时调整情绪，让自己快乐起来。而冥想就是不错的选择，可使身心放松、有助于排解压力。

◎**方法1：**准妈妈可以仰卧于床上，微闭双眼，排除大脑中的杂念，然后默默地暗示自己放松全身心。暗示时，可以尝试对自己说："我内心非常宁静，沐浴在温暖的阳光下和清新的空气里，我感到非常舒服，我很快乐……"暗示时可以充分发挥想象力，大脑要想着自己所说的一切。感觉情绪好转时，准妈妈还需要继续暗示自己："我仿佛听到了远处传来孩子们嬉戏的欢笑声，我也不由自主地笑出了声，今天真是美好的一天。"如此，当你充分感受内心的愉悦时，此时身心会彻底得到放松，这时你已可以慢慢地睁开双眼。

◎**方法2：**准妈妈选择一个舒服的姿势，闭上双眼，将意识集中在呼吸上，在每次的呼气和吸气中告诉自己："我正在吸气，我正在呼气。"如此反复进行5次即可。然后继续呼吸，呼气时用最低沉、可听见的声音念"噢——姆——"诵念的时间与呼气的过程一样，且诵念时注意力要集中在语音上，想象着自己正在吟诵动听的诗歌。在如此简单的练习中，你会立刻找到身心最理想的状态，得到最彻底的放松。

■记得清晨微笑一下

虽然胎宝宝在准妈妈的肚子里还不能看见妈妈的微笑，但是准妈妈如果发自内心地笑一笑，胎宝宝说不定也会跟你微笑哦！微笑不但能够改善心情，还能促进身体分泌出对胎宝宝有益的物质，促进胎宝宝的身心发育。

所以从现在开始，请记得在清晨对胎宝宝微笑一下，用微笑去迎接全新一天的开始，并让胎宝宝知道以后一定也要用微笑去面对将

深呼吸可让准妈妈的身心得到最彻底的放松。

来可能会遇到的种种困难。

■ 多与家人、朋友沟通

孕期情绪低落是普遍现象，此时尤其要注意妊娠抑郁症的发生，准爸爸身为男性并不能真正的感同身受，但是只要准爸爸愿意聆听准妈妈的喜、怒、哀、乐，准妈妈不妨和他倾诉一番吧，或多或少还是可以减轻你的心理负担的。而有些不便说出口的想法或者难言之隐，你也可以尝试和妈妈或者婆婆倾诉，毕竟她们都是过来人，可与你感同身受，还可以告诉你一些有益的经验。另外，准妈妈对腹中胎宝宝的健康担心、自身对分娩的恐惧、对未来生活的担忧和疑虑等都可以与你的闺密或者知己分享，也许会找到解决之道，得到满意的答案。

● 准妈妈怀孕啦，准爸爸的细心呵护与关爱有利于准妈妈保持良好心情。

特别推荐：我们这样自我调节情绪

■ **生活不缺幽默，快乐过每一天**

下面的小笑话，幽默诙谐又不乏启智，是帮助准妈妈舒缓压力、减轻痛苦、改善心情的小法宝，你不妨听听！

一只小花猫高高兴兴地来到面包房，问道："哥哥，你们这里有100个小面包吗？"哥哥答道："对不起，我们今天没有做那么多……"第二天，小花猫又来到面包房，问道："哥哥，您这里有100个小面包吗？"哥哥答道："对不起，我们依然没有那么多……"第三天，小花猫又来到面包房，问道："哥哥，有100个小面包吗？"哥哥答道："太好啦！我们连夜加班，终于做出了100个小面包！"小花猫听了很高兴，立刻拿出钱，说道："那真是太好了，我要3个！"

■ **猜猜有趣的谜语，转移注意力**

猜谜语是一件有意思又益智的游戏，准妈妈在心情郁闷时不妨来猜猜下面这些有趣的谜语，在给胎宝宝进行胎教的同时也可以帮助自己转移注意力，并排解心中的苦闷。

❶ 左边不出头，右边不出头，不是不出头，就是不出头。（打一字）
❷ 哪种竹子不长在土里？（打一物）
❸ 胖娃娃，没手脚，红尖嘴，一身毛，从小到大背靠背，盖的一床疙瘩被。（打一水果）
❹ 大口朝上，小口朝下，吃啥排啥，全不消化。（打一日用品）
❺ 座中无人。（打一字）
❻ 不是葱，不是蒜，一层一层裹紫缎，说葱长得矮，像蒜不分瓣。（打一蔬菜）
❼ 穿着大红袍，头戴铁甲帽，叫叫我阿公，捉捉我不牢。（打一动物）
❽ 你坐我不坐，我行你不行，你睡躺得平，我睡站到明。（打一动物）
❾ 上不怕水，下不怕火。家家厨房，都有一个。（打一日用品）
❿ 小小金坛子，装着金饺子，吃掉金饺子，吐出白珠子。（打一水果）

你的答案记下来：1._____ 2._____ 3._____ 4._____ 5._____
　　　　　　　　6._____ 7._____ 8._____ 9._____ 10._____

正确答案：1.廿 2.爆竹 3.桃子 4.漏斗 5.庄 6.洋葱 7.螃蟹 8.马 9.锅 10.橘子

80后准爸爸的胎教帮帮忙：做好聆听者的角色

妻子的好心情对胎宝宝来说是最好的胎教方式。准爸爸对妻子的爱会间接地传递给胎宝宝，在爱中成长的胎宝宝会更健康。因此，作为准爸爸，安抚妻子的情绪是义不容辞的责任，尤其应该注意做好以下几方面的工作。

◎**丰富妻子的生活情趣**：早晨陪妻子一起到环境清新的公园、树林或田野中去散步，做做早操，在天气晴朗的时候嘱咐妻子白天多晒晒太阳。这样，妻子会感到准爸爸温馨的体贴，心情自然会更加舒畅惬意。

◎**用自己的风趣幽默宽慰妻子**：妻子由于怀孕后体内激素分泌变化大，会产生种种不适的妊娠反应，因而情绪不稳定，此时特别需要找个人倾诉。这时，准爸爸可以用风趣的语言及幽默的笑话宽慰及开导妻子，消释妻子心中的焦虑。

> 准爸爸经常陪妻子散散步、晒晒太阳，可以帮妻子调节孕期情绪哦！

◎**让家里充满香气来帮助妻子调整心情**：让妻子置身于舒适优美的环境中，妻子从中可以得到美与欢快的感受，心情也会自然而然地轻松愉快起来，进而影响胎宝宝，从而真正达到"气美潜通，造化密移"。比如，准爸爸拖地时，在最后的漂洗水中滴入几滴的茶树油或柚子油；也可在房间的加湿器中滴入几滴，让室内充满优雅的气味，并清除令人不快的气味；厨房尤其要去除异味，准爸爸可在少量水中加入一小把丁香和碎肉桂，然后煮开，让香味充满厨房，从而帮助妻子改善坏情绪。

总之，妻子怀孕后在感情上会变得脆弱，在精神和心理上也都离不开丈夫。对丈夫有一种强烈的依赖感，希望丈夫可以陪在自己的身边，关心和爱抚自己和胎宝宝。准爸爸在条件允许的情况下，应尽力满足这种特殊时期的情感需要，使妻子保持安定平稳的情绪，要让妻子知道她和宝宝是自己生命中最重要、最疼爱的人。

本月辅助性胎教连连看

■ 营养胎教：预防便秘是重点

便秘是准妈妈的常见病和多发病之一。因为怀孕期间黄体酮分泌增加，使胃肠道平滑肌松弛，蠕动减缓，导致大肠对水分的吸收增加，粪便变硬而出现排便不畅。孕晚期，增大的子宫压迫胃，影响影响胃的消化功能。准妈妈要多吃麦麸、麦片、红豆、甘薯、芋头、玉米等富含膳食纤维的食物。其中，香甜黄瓜玉米粒就是不错的选择。玉米中富含膳食纤维，有通便功效，准妈妈食用后能促进胎宝宝的生长发育，还可以有效预防和缓解便秘症状，有利于安胎保胎。

香甜黄瓜玉米粒

材料：黄瓜1根，甜玉米200克，红椒丁少许。

调料：盐、黑胡椒粉、牛奶各适量。

做法：
❶ 黄瓜洗净后切丁；甜玉米剥粒，备用。
❷ 锅中倒入油，大火加热，待油烧到五成热时放入玉米粒炒约1分钟，再放入黄瓜丁，并撒入盐翻炒均匀。
❸ 再淋入牛奶，并加入黑胡椒粉翻炒约30秒，最后调入红椒丁略炒即可。

■ 运动胎教：坐有坐相，站有站相

对于坐姿和站姿，很多女性恐怕都会不屑一顾，但成为准妈妈后，在这些小细节处还是要多留点心，这样才能让整个孕期过得更舒心。

◎**坐姿**：尽量选择有靠背的椅子，以便于减轻上半身对盆腔的压力。坐下之前，两脚并拢，左脚可向后轻轻挪动一些，然后慢慢地坐在椅子中部，坐稳后再慢慢地向后移动，让背部紧靠椅背，并做深呼吸，使脊背放松地伸展开。

◎**站姿**：很多女性习惯穿高跟鞋，身体重心集中于脚趾部位。然而，怀孕以后就不可穿高跟鞋了。要想把重心放稳，就必须保证站姿正确。两腿应平行，双脚稍微分开一点，让重心集中于足心附近。若是长时间站立，则需要每隔一段时间将双脚的前后位置调换一下，让重心集中于伸出的那一条腿上即可。

给胎教效果加分的生活细节

▇让准妈妈远离感冒的危害

孕期的女性是最害怕感冒的人群之一。因此，准妈妈在怀孕的第2个月时就应该提高警惕，使自己远离感冒的困扰。

◎**勤洗手，勿揉鼻**：预防感冒最需要注意的就是要勤洗手，不用脏手摸脸。感冒病毒常常会在人们不经意用手揉鼻子时侵入上呼吸道，从而引起感冒。如果勤洗手就可避免这种情况。

◎**常用盐水漱口**：每天早晚用淡盐水漱口，有助于清除口腔中的致病菌。如果仰头含漱还可以清洗咽喉黏膜，使预防感冒的效果更佳。

◎**冷热水交替洗脸洗鼻**：这样不仅可以使皮肤更加富有弹性，同时还可以祛除病菌，并增强鼻黏膜抵御冷空气侵袭的能力，从而达到抗感冒的作用。

◎**多开窗透气**：准妈妈在家里休养期间，一定注意要经常开窗透气，如果是工作在房间密闭的写字楼办公室内，也要注意通风换气，以免流感病毒传播。

▇准妈妈工作时要这样照顾自己

面对身体发生的奇妙变化以及心理产生的微妙感觉，职场准妈妈这时候可能会陷入混乱，理不清头绪，到底应该怎样才能既做好工作又养好胎呢？

◎**职场准妈妈不可因为忙碌而忘记平衡自己的饮食**。如果方便的话，可以让准爸爸为你准备便当。如果是选择在外就餐的话，那么一定要注意卫生条件和营养的均衡。饭菜可以选择自己喜欢吃、并且有营养的食物，蛋类、肉类、蔬菜、鱼类均衡搭配才健康。还可以在饭后吃一些水果作为补充。如果平时总是感到饥饿，可以随身带些核桃、苏打饼干等零食，以备不时之需。

◎**职场准妈妈一定要注意规避工作环境中的有害物质，做好自我防范**。尽量远离办公室里的复印机、电脑、微波炉等，不使用电脑时尽量关掉电脑显示器。

另外，有些职场准妈妈从事办公室工作，长期保持一个姿势办公，不注意劳逸结合，精神过度紧张，而使自己的身体过于疲劳。这样很可能会导致胎宝宝生长发育异常或导致流产。因此，准妈妈最好工作半小时到1小时就站起身来活动活动。准妈妈还应该及时调整工作强度和压力。

孕3月（9~12周）
幸福地补足营养

准妈妈与胎宝宝情况实录

让我轻轻地告诉你：

我的好宝宝，你在妈妈的肚肚里好不好？爸爸最近经常问妈妈，宝宝长得会更像谁？妈妈希望你是一个挑剔的宝宝，眉毛长得像爸爸，嘴巴长得像妈妈，眼睛长得像姑姑，皮肤最好白白嫩嫩的……最重要的是要比妈妈和爸爸都长得漂亮哦！妈妈是不是很贪心呢！爸爸只希望你健健康康、平平安安地来到这个世界上，你的爸爸真的很爱很爱你！

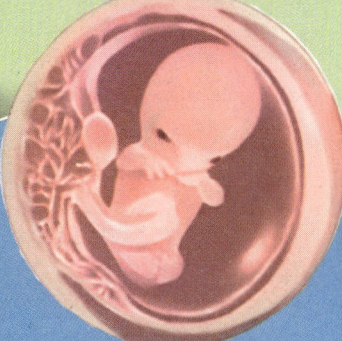

♥ 准妈妈的小小变化

腰围变粗：

3个月末子宫变得犹如拳头一般大，体重开始增加，腰围逐渐变粗，穿衣服已有紧绷感；下腹部变硬，总觉得有些胀。

恶心呕吐：

不少准妈妈的恶心呕吐现象会变得更严重，闻到异味更会加重，甚至进食后立即呕吐出来，个别准妈妈连喝水都会吐出来。

乳房肿胀：

乳房进一步肿胀，乳头和乳晕的色素沉淀，乳头也变得越来越敏感。

皮肤干燥：

准妈妈的新陈代谢加快，比平时更容易出汗，导致皮肤干燥，甚至出现皮肤瘙痒或者粉刺等皮肤问题。

✦ 胎宝宝的小小变化

外形特征：

胎宝宝身长8～9厘米，重20～30克，小尾巴逐渐消失。

四肢发育：

已经长出手指及脚趾，手指也已有了指纹。胳膊肘和膝盖已发育完成，可以弯曲及伸展，也会握拳再打开。这个时期的胎宝宝手脚还无法自由活动，大部分都是利用身体的力量在羊水中自由自在地游着。

脑细胞发育：

从怀孕的第2个月开始，胎宝宝的脑细胞快速发育，到了怀孕第3个月结束时，脑细胞发育已大致完成。

80后准妈妈的本月胎教主题：止吐开胃，让孕早期顺利度过

妊娠反应会影响准妈妈的进食和对营养素的摄取，严重时会不利于准妈妈健康和胎宝宝发育，所以准妈妈要注意饮食调理。比如，为了防止呕吐严重时引起脱水，准妈妈可选食一些含水分比较多的食品，如各种水果、新鲜蔬菜等，这些食品不仅含有大量水分，而且含有丰富的维生素C和钙、钾等无机盐；还可以多食用一些蛋白质、维生素含量高的食物，如奶酪、牛奶、藕粉、鸡蛋、水果、蔬菜等；另外，少吃油腻食物，多食用植物油，少食用动物油，以减少油腻感。

◀ 准妈妈经常喝点牛奶有利于缓解孕吐反应。

■ 止吐开胃之一日饮食推荐

早餐：牛奶、粥、汤，搭配着吃点面包、点心等主食，再吃点鸡蛋、蔬菜等。

加餐：酸奶、苹果、牛奶、饼干。

午餐：以中餐为主，并吃一份蔬菜沙拉，配以果汁、白开水等。

加餐：坚果、豆制品、饼干等。

晚餐：适当少吃点主食，以降低热量的摄入；并要搭配适量肉类和蔬菜等。

加餐：牛奶、酸奶、水果等。

■ 美味止吐之菜肴推荐

柠檬和橙子酸甜可口，并且外皮都有一股清新的香气，可以增进准妈妈的食欲并缓解孕吐。

猪蹄中含有的胶原蛋白在烹调过程中可转化成明胶，它能结合许多水，从而有效改善机体生理功能和皮肤组织细胞的储水功能，使皮肤保持滋润、柔软、细腻，保持湿润状态，对于预防妊娠纹的出现大有好处。

老姜具有止吐和胃的功效，非常适合早孕反应强烈的准妈妈食用。

具体推荐菜肴如下：

鲜橙柠檬汁

材料：橙子2个，柠檬半个。

调料：蜂蜜适量。

做法：❶橙子去皮，洗净，切片，用榨汁机榨汁；柠檬去皮，放入榨汁机中榨成汁。
❷橙汁和柠檬汁及蜂蜜混合后拌匀即可。

猪蹄煲姜

材料：老姜300克，猪蹄900克，葱50克，枸杞子少许。

调料：盐、陈醋、醪糟、酱油各适量，白糖少许。

做法：❶葱洗净，切长段；枸杞子放入清水中泡透；老姜洗净，以刀刮去皮，并切成菱形片。
❷猪蹄洗净，切块，放入沸水中加入葱段汆烫，捞出备用。
❸锅中放入所有调料煮开，再加入所有材料以大火煮开，再转为中小火，加盖焖煮1小时左右至猪蹄软烂，盛入盘中即可。

特别推荐：一套简单小动作，有效缓解孕吐反应

孕吐又称为"害喜"，民间将其分为两种情况，一种是"孕吐喜"，一种是"嘻吃喜"。"孕吐喜"是无论吃什么东西一定会吐；"嘻吃喜"是如果时间稍久不吃点东西，就会感觉不舒服，会出现呕吐的情况。

到了这个月，孕吐反应已经到了白热化程度，准妈妈千万不要过于担心，难熬的日子马上就要结束了。今天，不妨做一做缓解害喜的小运动，说不定能对你的妊娠反应有所帮助。

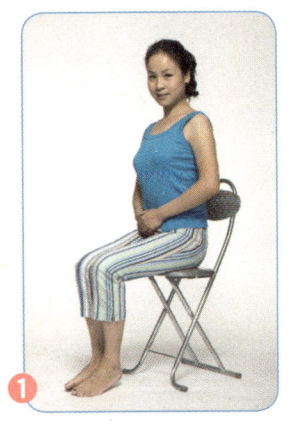

1 端坐于椅子上，双脚并拢，腰部挺直，双手放于小腹上，保持自然呼吸（图①）。

2 左手轻轻按住小腹，右手从身体前面缓缓抬起，手心朝向自身，指尖朝上（图②）。

3 当手抬高至一定高度时，手和身体同时向右转（图③）。

4 将身体左转回复端坐姿势，保持头转向抬起的右手一侧；再将右手慢慢拉回到小腹上。当右手放在小腹上时，左手缓缓抬起至与肩同高，然后身体和手同时向左方转。如此左右反复进行（图④）。

【练习要点】◎准妈妈在感觉恶心想吐时避免练习。
◎注意动作的舒展性，尽量让身体彻底放松。
◎保证身体的稳定性，避免摔倒。

80后准爸爸的胎教帮帮忙：高度重视妻子的每日饮食

妊娠反应的程度和时间因人而异，大部分妻子妊娠反应的高峰期在怀孕的8～14周。妻子在这段时间要尽量忍耐，而准爸爸应照顾好妻子，为妻子做好应付妊娠反应的准备工作。

◎**提醒妻子少量多餐**：当妻子因为妊娠反应强烈而不想进食时，准爸爸要动之以情，晓之以理，告诉妻子为了胎宝宝的健康发育要努力地试着吃点东西，并且最好为妻子准备一些易于吞咽及清凉的食物等。如果妻子实在吃不下固体食物，准爸爸可为其准备一些蔬菜汤、鲜榨果汁等流质食物，除了可缓解妻子的妊娠反应之外还可补充其体内所需的水分。

◎**为妻子准备健康的零食**：妻子的胃若是空空的则更容易引发恶心和呕吐现象，尤其是早上更为严重，故准爸爸一定要随时为妻子准备一些健康的零食，比如苏打饼干、饭团等。当妻子外出或上班时，准爸爸可以在妻子的包包里放一些坚果或面包之类的食物，以便随时充饥。

◎**保证妻子均衡的营养**：如果一些因妊娠反应而摄食严重不足者，则有必要补充一些特定的营养素，尤其是DHA和维生素，故准爸爸可以遵医嘱为妻子专门挑选一些准妈妈专用奶粉、准妈妈专用维生素等营养品，以保证妻子营养均衡。

◎**不要让妻子吃得太饱**：孕期要比平时摄入更多的营养，但并不是提倡大吃特吃。如果妻子吃得过饱很可能会让自己感觉不舒服，反而会加重妊娠反应，所以准爸爸不要盲目地让妻子多吃，最好让妻子的每餐饮食控制在七八分饱为宜。

➡ 为了减轻妻子的妊娠反应，准爸爸可以为她准备点汤汤水水喝一喝。

本月辅助性胎教连连看

■ 情绪胎教：打扮出来的美妙心情

孕早期，准妈妈就应该选择适合自己面料和款式的衣服，以免影响胎宝宝的生长，同时简洁大方的穿着也会让准妈妈显得更加年轻美丽，心情也会跟着好起来。

◎**面料**：通常来说，孕妇装的面料一定要透气性好、易洗、耐洗、舒适大方。随着季节的变化，孕妇装的面料选择也各不相同。一般来说，夏季以棉、麻织物居多，要求面料吸汗且透气，最好选择棉质的面料，且易与皮肤接触，吸汗力强，而且能避免发生热痱或者过敏等。冬季最好选择呢绒或带有蓬松性透气的面料，要有保暖性，同时还要轻柔。另外，胸部、腹部、腰部及下半身处最好不要有硬物束缚。

◎**款式**：不管是休闲孕妇装还是职业孕妇装，都要以宽大舒适为度，以不妨碍胎宝宝的生长发育为前提，同时也可以结合个人的喜好选择衣服的颜色与款式。要选择一些赏心悦目的柔和性色彩的衣服，如米白色、浅灰色、粉红色、苹果绿等。

◎**大小**：由于怀孕促使准妈妈的血液循环加速，准妈妈常会感到身体发热，尤其是孕晚期腿脚容易水肿；衣服紧小会很难受，应穿着比身体大一个型号的孕妇装。

■ 运动胎教：家务劳动，谨防流产

孕早期的准妈妈最容易流产，故在做家务之前最好将家里的那些有尖角的家具包起来，以免不小心伤到自己或胎宝宝。准妈妈在做家务时最好穿上具有防滑功能的鞋，因为家里难免会有湿滑的地方，特

➡ 准妈妈在孕早期只能做一些简单的家务活，如擦桌子、叠衣服等，比较耗费体力的活儿留给家人做。

别是厨房和浴室，里面经常会有水渍，由于准妈妈身体不像以前一样灵活，很容易发生意外，所以一定要特别小心，防止滑倒。

给胎教效果加分的生活细节

■别忽视戴首饰的隐患

准妈妈在孕期最好不要佩戴任何首饰，如戒指、手镯、耳环等，因为准妈妈在怀孕的时候皮肤容易变得松弛，血液循环也会出现变化，有时候甚至会出现浮肿，这样一来，原本合适的戒指或手镯等就会变得紧箍了。如果准妈妈不及时摘下的话，之后就不易摘下来了，这不仅会阻碍血液循环使其不通畅，还会导致局部皮肤损伤、骨头坏死等严重后果。另外，孕期的一些检查和输液需要在身体的部位上施行，而这些首饰会阻碍操作，从而造成不必要的麻烦。如果是炎热的夏天佩戴首饰，由于出汗等，首饰中的某些金属成分或者化学成分会对皮肤产生某些刺激，甚至还会对胎宝宝的发育产生不良的影响。因此，准妈妈不要图一时好看而佩戴首饰，应为了自身和宝宝的健康着想。在孕期，尽量不佩戴任何首饰，做个自然、健康的准妈妈。

■科学使用电器及电子产品

由于准妈妈处于一个特殊的时期，此时，电视、手机和微波炉就要谨慎使用了，因为这几种产品都有一定的辐射，对胎宝宝和准妈妈都会或多或少产生一些不利影响。

◎**看电视：**连续看电视不能超过2小时，每看1小时应起来活动5～10分钟，以免用眼过度，出现头昏眼胀、乏力疲惫等症状。看电视时应距离2米以上，忌近距离观看电视，因为荧光屏射出的少量射线对准妈妈、胎宝宝均有不良影响，看后应洗手、洗脸、开窗通风。

◎**使用微波炉：**微波炉的辐射性很强，准妈妈尽量不要用微波炉，若必须用时可在微波炉上加上专用罩，以减少身体接触不必要的电磁辐射，优生专家建议，操作时最好穿上孕妇专用防辐射肚兜、防辐射裙等电磁波防护服装。

◎**使用手机：**胸前不宜挂手机，否则会对准妈妈的心脏和内分泌系统产生一定的不良影响。即使是在待机状态下，周围也存在电磁波辐射，虽然危害没有接通时大，但对胎宝宝来说也是非常不利的。手机信号刚接通时所产生的辐射比通话时产生的辐射高20倍，因此信号接通的瞬间最好把手机放在离自己至少15厘米远的地方。

小提醒：应避免在准妈妈的房间内摆设多个电器，最好不要把电视、电脑、冰箱放在卧室并经常同时使用。

孕中期，胎教第2步

——真正胎教进行时，营造与胎宝宝的亲密互动时空

孕 4 月（13～16周）

爸妈的声音，宝宝最爱听

准妈妈与胎宝宝情况实录

让我轻轻地告诉你：

亲爱的宝宝，妈妈昨晚做了一个梦，梦见把你轻轻地抱在怀里，感觉好甜蜜、好温暖啊！虽然现在离咱们见面还有一段时间，但是爸爸和妈妈已经迫不及待地想要抱抱你、亲亲你了。很多时候，妈妈都希望日子过得快一些，让我快快见到我的宝宝。宝宝，此时此刻你是否也在想着爸爸和妈妈呢？

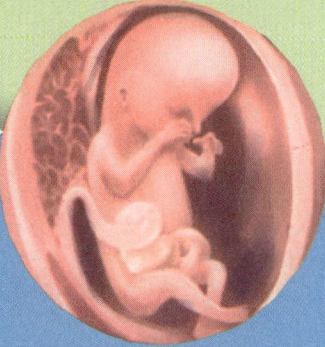

♥ 准妈妈的小小变化

小腹稍稍隆起：
　　怀孕12周之后子宫从骨盆通过耻骨联合上端进入腹部，准妈妈抚摸肚子时已经能够明显地感到腹部隆起。

早孕反应减轻：
　　本月开始准妈妈的早孕反应逐渐减轻，食欲开始增强，身体也会感到轻松。

妊娠纹出现：
　　妊娠纹多出现在准妈妈的腹部、大腿内侧、臀部等处，且出现的时间与程度因人而异，多在体重急剧增加的情况下出现。

静脉曲张产生：
　　本月开始子宫逐渐增大，压迫下腔静脉，导致回流受阻而使下肢静脉压升高，从而导致下肢及外阴静脉曲张，甚至引发痔疮。

⭐ 胎宝宝的小小变化

外形特征：
　　胎宝宝15周后身长约10厘米，体重可达80～120克，面部模样基本形成。

器官发育：
　　各器官系统发育进一步完善，肌肉组织逐渐发达，手指和脚趾中间的蹼已经消失，长出了指甲，生殖器官完全成形，基本可以辨别男女性别。

听觉发育：
　　胎宝宝对准妈妈的心跳声、肠鸣音有所反应。

胎动反应：
　　如果准妈妈用手轻轻在腹部碰触，胎宝宝就会蠕动起来，但你仍然感觉不到胎宝宝的具体动作。准妈妈感觉胎动的时间早晚也是因人而异的，没有感觉到胎动的准妈妈千万别着急。

80后准妈妈的本月胎教主题：和胎宝宝亲密接触

医学研究表明，准妈妈如果经常与胎宝宝对话，可以促进胎宝宝出生以后在语言方面的天赋和能力。如果先天不给胎宝宝的大脑输入优良的信息，其语言的发育进程也会受到一定程度的影响。

另外，准妈妈亲切的语调、动听的语言，通过语言神经的震动传递给胎宝宝，会使其产生一种安全感，有利于促进其大脑发育，使大脑较早地产生记忆。这样，不仅能增进亲子感情，还会使彼此产生熟悉感，有利于其早期智力的开发，促进其健全人格的培养和形成。

■告诉胎宝宝一天的生活

早晨起床后，准妈妈可以向胎宝宝描述一下今天的天气情况。今天是晴天还是阴天、阳光是否灿烂、白云都变成了什么样的形状、有没有风，这些都可以具体地描述给胎宝宝听。

也可以把自己和家人的生活讲给胎宝宝听，比如准爸爸去刮胡子时准妈妈可以说，"爸爸在刮胡子，可是爸爸为什么要刮胡子呢？我们为什么要洗脸？洗手液为什么会起泡呢？"任何一件事情都可以描述给胎宝宝听。也可以把自己的着装打扮告诉胎宝宝，比如，今天妈妈穿了什么样的衣服，爸爸穿了什么样的衣服，爸爸、妈妈衣服的颜色都是什么样的。然后在照镜子的时候就可以把自己的形象具体地向胎宝宝进行描述。

■给宝宝讲画册故事

准妈妈可以坐在宽大舒适的沙发上，利用画册来展开胎教内容，将自己所看到的景、物认真地描述给胎宝宝听。

在描述的过程中，准妈妈可以大胆地发挥想象，将自己的想法用柔和、亲切的语言告诉胎宝宝，胎宝宝也会受到影响，沉浸在一片美好的世界中。准妈妈还可以编一个与胎宝宝有关的故事，让他也参与进来，胎宝宝也希望受到更多关注，如果故事的主人公是这个小家伙就更有意思了。

准妈妈最好选择幼儿画册，此类画册色彩丰富、富于幻想、情节独特，能唤起准爸爸及准妈妈的无限想象。胎宝宝也可以从准爸爸及准妈妈的畅想中受到一定的影响，从而刺激胎宝宝的语言及大脑发育。

幼儿画册的另一点好处在于思想健康，内容中充满纯真，真善美在此类画册中被体现的淋漓尽致。

具体讲述画册内容前,准妈妈可先跟胎宝宝打声招呼,告诉他语言胎教开始了,让他做好"上课"的准备。

◎准妈妈在讲故事的时候要注意声音的大小,以胎宝宝能听见为宜,精力要集中,吐字要清晰,声音要缓和,内容不宜过长。

◎最好选择一个安静的环境,不要受到外界不良环境的影响,将手机关闭,以免繁杂事物影响胎教的进程。

◎在给胎宝宝讲画册时,准妈妈务必要先熟悉画册中所讲述的内容,让故事情节在自己的头脑里形成一个个具体的形象,以便能以流利的语言将有趣的信息传递给胎宝宝。

◎准妈妈利用画册作为教材进行胎教时,一定要注意把感情倾注于故事的情节中,通过语气声调的变化使胎宝宝了解故事是怎样展开的。单调和毫无生气的声音是不能唤起胎宝宝的感受的。一切喜、怒、哀、乐都将通过准妈妈富有感情的声调传递给胎宝宝。而且,不仅仅是朗读,对这些语言准妈妈要通过自己的大脑使它形象化,以便更具体地传递给胎宝宝。

⬇ 准妈妈舒服地躺在沙发上,手拿画册,开始给胎宝宝讲故事吧!

特别推荐：带胎宝宝畅游美丽水滴的小世界

美丽的小水滴，我们熟悉的物体，在下面这个故事里它将会遭遇怎样神奇的旅行呢？准妈妈不妨带着胎宝宝和小水滴一起"旅行"吧！

"啊，真热啊！"在空中漂浮着的小水滴们纷纷吵嚷着。

红彤彤的太阳火辣辣地照射着。地面上的水滴们的身体自然而然地变得轻盈，并不知不觉地向天空飞去。一个小水滴吻了吻花蕊，挥着手，远离了心爱的花儿。

渐渐地，水滴们越飞越高，空气也越来越冷。

一直紧闭着双眼的小水滴悄悄睁开了眼睛。"啊！"小水滴发出了一声快乐的欢呼。原来，在不知不觉中，所有的水滴都已经凝结在一起，变成了一大片白白的卷云。变成卷云的小水滴们快活极了！它们手牵着手，在天空中任意地翻卷、歌唱。在高高的空中，小水滴们既可以自由地漂游，又可以看到各种神奇瑰丽的景象。

"天空真美啊！"

"可是，我们应该回到低处，和别的云凝结成更重的黑色的云。那样，我们就有可能变成小雨滴了。"

"不，我不要变成黑色！"

想到洁白的身体要变黑，这个小水滴赶紧飞到了更高的高空。

地面上的花儿一直在默默地凝望着天空。它十分想念小水滴朋友，于是忍不住四处张望，希望小水滴能随时出现在她身旁。

"仔细找找看，我在草原的陪衬下会变成什么？"花儿忽然想起小水滴曾对她说过的话。这时，在花儿的视线里出现了一块美丽的浮云。

"噢，美丽的云朵啊，你是我的小水滴朋友变成的吧？"

花儿用尽力气向这块云朵高喊。

一瞬间，美丽的云朵微微露出了笑容，它似乎听到了花儿的呼喊声。

一阵清风掠过，花儿温柔地向上仰望，然后静静地绽开了所有的蕊。美丽的云儿随着风悠悠地飘着，就像草原上正在吃草的羊群，优雅而宁静。

准妈妈在给胎宝宝讲述这个故事时，要饱含深情，语气抑扬顿挫；而且边讲述时，边想象着小水滴的变化：小水滴停在花朵上，晶莹剔透；小水滴在太阳的照射下，露珠会慢慢消失……

胎宝宝在这样的故事里会对水滴有一个初步印象，并对一些基本的物理现象产生一定兴趣，对宝宝日后的语言发展也是大有益处的。

80后准爸爸的胎教帮帮忙：与胎宝宝进行亲密"对话"

准爸爸说话比准妈妈"管用"，因为男性的声音更具有穿透力，比女性的声音更容易穿透腹壁进入到胎宝宝的耳朵里，因此，准爸爸可坚持每天对子宫内的胎宝宝讲话。那么，准爸爸如何与胎宝宝进行一场有意义的父子对话呢？

一些简单的日常活动，都可以和胎宝宝说一说。比如吃饭的时候，准爸爸可以摸着妻子的肚皮轻轻地告诉胎宝宝"我们去吃饭喽，我们一起吃饭喽。"让胎宝宝感受到准爸爸的关爱和温暖，然后牵着妻子的手走进厨房。这样做不仅气氛活跃，而且也是和胎宝宝对话的一种方式，还能让胎宝宝更早地熟悉外面的世界。

另外，准爸爸可以让妻子坐在宽大舒适的椅子上，然后由妻子对胎宝宝说："乖孩子，爸爸就在旁边，你想听他对你说什么吗？"这时，准爸爸应该坐在距离妻子50厘米的位置上，用平静的语调开始讲话，随着对话内容的展开再逐渐提高声音，不能一下子发出高音而惊吓到胎宝宝。准爸爸要讲的话题最好事先构思好，先拟定一篇小小的讲话稿，稿子的内容可以是一篇优美动人的小故事、一首纯真的儿歌、一首内容浅显的古诗，也可以谈自己的工作及对周围事物的认识。用诗一般的语言、童话一般的意境，告诉孩子外面这个美丽的新世界。

准爸爸还需要注意一点，在开始和结束对胎宝宝讲话的时候，都应该常规地用抚慰及能够促使胎宝宝形成自我意识的语言。开场白的设计可以如下："宝贝（或者叫乳名），我是你的爸爸，我会天天和你讲话，我会告诉你外界一切美好的事情。"对话结束时，要对胎宝宝给予鼓励："宝贝学习很认真，你是一个聪明的孩子，但愿我对你讲授的一切都能对你将来的人生有用。好吧，今天就学到这儿，我们明天继续！"

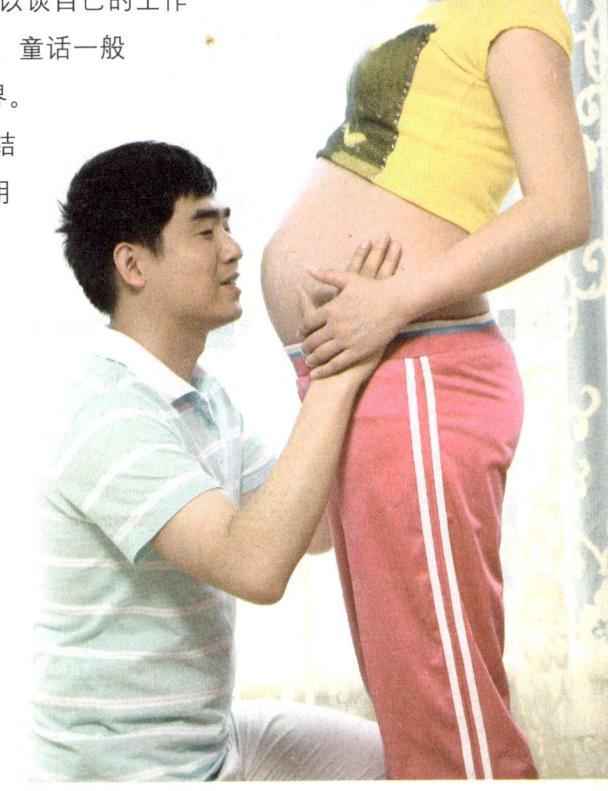

▶ 准爸爸可以通过与胎宝宝的父子对话来进行语言胎教。

本月辅助性胎教连连看

■环境胎教：养植花草，与"大自然"亲密接触

准妈妈在孕期里可以在家里种植一些花草，不但可以美化居室，调节室内的温、湿度，还可以降低室内噪声、吸附尘埃、净化空气、陶冶准妈妈的性情。但种植花草需注意尽量不要将香气过浓的放在卧室中，因为有些花草会消耗更多氧气，影响人体健康。准妈妈应该选择以下几种花草：

◎常青藤、铁树、菊花、金橘等能有效地清除二氧化硫、氯、一氧化碳等有害物。
◎吊兰可吸收室内80%以上的有害气体，吸收甲醛的能力超强。
◎芦荟也是吸收甲醛的好帮手，芦荟属于热带植物，生性畏寒，但也是好种易活的植物。
◎柠檬、蔷薇、石竹等可通过其自身产生的芳香而产生挥发性的气体，杀掉有害物质，并能净化空气。

准妈妈可以养植一些怡情养性的花草，美化居室的同时也可改善心情。

■ **营养胎教：水果不能代替正餐**

　　准妈妈应多吃水果，给自己和胎宝宝补充身体所需的维生素以及无机盐，但是坚决不能用水果来代替正餐。因为虽然水果含有丰富的维生素，但是它所含的蛋白质和脂肪却极少，远远不能满足准妈妈子宫、胎盘及乳房发育的需要。下面介绍一些正确吃水果的方法：

◎吃水果不仅要控制好吃水果的"量"，还要尽量选择含糖量低的水果，以免引发妊娠糖尿病。

◎避免食用刚从冰箱中拿出来的水果，以免刺激肠胃，影响消化和吸收。

◎孕期应多吃当季水果，不要吃反季节的水果，因为一些反季节的水果是用激素催熟的，准妈妈食用后会导致体内激素水平的升高，从而不利于胎宝宝的发育。

给胎教效果加分的生活细节

　　到了孕期的第12周，准妈妈就要进行第一次产检。第一次产检至关重要，医生要全面了解你的一切情况，为你建立孕期保健的"健康档案"，便于以后的检查和治疗。第一次产检的主要检查项目有以下几项：

◎**体重**：这是每次孕期检查的必测项目，以便间接了解准妈妈现在的身体状况及胎宝宝的发育情况。

◎**血压**：有些女性很容易在孕期出现妊娠高血压综合征，因此，检测血压的状况可以有效地发现并治疗相关的疾病，以免影响胎宝宝的发育成长。

◎**阴道检查**：检查骨盆腔和生殖器官的情况，为日后怀孕的进程和分娩做出评估。

◎**胎心音**：医生会用多普勒胎心仪来监听胎宝宝的心跳，以确定胎宝宝目前的生长发育情况。

◎**血液化验**：包括血常规、血型、肝肾功能、丙肝抗体、乙肝病毒、梅毒血清学、艾滋病病毒抗体、风疹病毒、巨细胞病毒、疱疹病毒抗体、弓形虫感染等。这些检查项目在第一次产检都是必做的项目，对于确定准妈妈的身体健康与否至关重要。

◎**尿液检查**：每次检查都要进行尿检，主要检查尿液中是否有尿酮体、尿糖、尿蛋白等，以反映妊娠呕吐的严重程度，提示准妈妈是否患有妊娠糖尿病等。

◎**B超检查**：在孕期的第12周，通过B超可以检测胎宝宝颈后透明带的厚度，它是染色体异常的早期标志之一。B超是产科中应用最为广泛的检查手段，B超检查安全有效，这对于月经周期不规则、停经时间不清或者怀孕周数与子宫大小不相符的准妈妈来说，可在初次产检时通过B超检查来测量胎宝宝的大小从而确定孕周及预产期。

孕5月（17～20周）
让胎宝宝和你一起做运动吧

准妈妈与胎宝宝情况实录

让我轻轻地告诉你：

宝宝，半夜是不是做什么美梦了，难道你在梦中开了一场运动会，把妈妈的肚肚撞来撞去的，我的宝宝以后肯定是个运动健将吧！不过，运动归运动，你可不要太累了。有的时候妈妈睡得正香时，还能感觉你在妈妈的肚子里打滚呢，爸爸兴奋地说，淘气的孩子多半聪明，你还真是够淘气的！

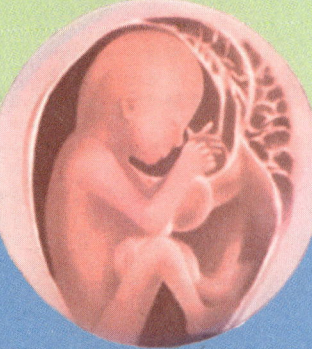

♥ 准妈妈的小小变化

脂肪堆积：
　　准妈妈食欲大增，身心完全适应怀孕，腹部明显变大，臀部和身体其他部位开始堆积脂肪。

负担加重：
　　随着子宫的增大，严重挤压胃和肠道，进食后易出现胃脘胀满、呼吸急促等症状，心脏负荷也逐渐加大。

乳房增大：
　　随着乳房的增大，准妈妈应及时选戴合适的胸罩，维持乳房的张力以避免日后乳房下垂，注意此时不要用手挤压乳头。

胎动明显：
　　之前还未感受到胎动的准妈妈要注意了，从本月开始应该可以明显地感受到胎动了，可以和胎宝宝玩玩"踢肚游戏"了。

⭐ 胎宝宝的小小变化

外形特征：
　　胎宝宝身长约25厘米，体重可达300克左右。头部增大，犹如鸡蛋般大小，约占整个身体的1/3。

皮毛发育：
　　胎宝宝全身皮肤由透明的深红色变为不太透明的红色，从头部和面部开始，全身渐渐被汗毛所覆盖，头上长出少量的头发，皮肤开始储存脂肪。

呼吸征兆出现：
　　这一时期宝宝已经会打嗝了，只是由于胎宝宝一直浸泡于羊水中，故准妈妈一般听不到胎宝宝打嗝的声音；胎宝宝已经开始通过吞吐羊水进行呼吸。

神经系统继续发育：
　　胎宝宝的听觉器官进一步发育，已经可以听见外界声音；味觉开始形成；运动能力增强；大脑进一步发育。

80后准妈妈的本月胎教主题：伸伸胳膊、踢踢腿

■ 扶椅腿动操

这套腿部操有利于改善下肢血液循环，从而能缓解下肢静脉曲张、下肢水肿等不适。其具体操作步骤如下：

双手轻轻地扶着椅背站稳（图①），先缓慢提臀，再将重心转移至左脚，慢慢抬起右脚（图②），让右脚跟尽量靠近臀部，保持20秒。再换另一只脚重复，反复5次。

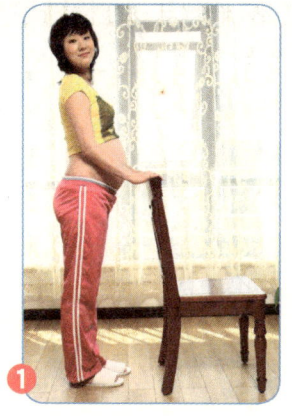

■ 腿部伸展操

这套伸展操可改善身体的血液循环，特别适合整日坐办公室的准妈妈们。其具体操作步骤如下：

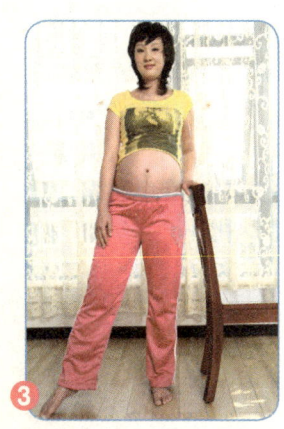
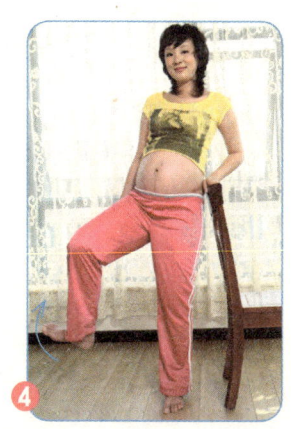

1 准备一把椅子（一定要牢固、安稳的），站在椅子的一侧，左手扶着椅子的靠背，右脚抬起脚尖点地，将身体重心放在左腿（图③）。

2 右腿缓慢地向上抬起，并把脚尖向上勾起（图④），接着由脚底、脚跟带动，先屈腿，再将腿慢慢伸直。一共做6次。

3 以右手扶着椅子的靠背，重心放在右腿，左腿抬起并把脚尖向上勾起，由脚底、脚跟带动，先屈腿，再将腿慢慢伸直（图⑤）。一共做6次。

【注意事项】◎练习中如果有脚抽筋的感觉，应立即停止并坐下休息。

◎做动作2时要有蹬石头的感觉，用脚跟带动腿向前蹬。

◎如果觉得不方便弯腰，还可以坐在椅子上做拍腿动作。

■ 站立扭转操

孕中期的准妈妈由于韧带松弛，腹部日渐隆起，压力慢慢扩展到了背部，引起背部的紧张，进而导致下背疼痛。除了要有足够的休息外，练习这个站立扭转操也能有效地缓解下背疼痛。其具体操作步骤如下：

1. 站立，稍微弯曲双膝，自然地呼吸并放松，将身体转向右侧，从体前将双臂摆向身体后侧。

2. 双腿更大距离地外分，左臂向上，右臂向下，在体侧伸展，身体继续转向右侧，保持双臂在一条直线上，感受从左脚跟到左手指尖的伸展，然后弯曲双膝。反方向再做1次。

3. 稳定地站立，双脚分开，面向前方。双手合十，将上身向右扭转，向后推动右肘部，转动肩部。自然呼吸，呼气时身体再进一步伸展。左右各做4次。

4. 保持双脚向前，向右扭转身体，同时将双臂举起，左臂放在体前，右臂放在身后。当向下放落手臂时，弯曲双膝并且呼气，返回到正中位置。反方向再做1次。在做的过程中，尽可能高地抬起手臂，直至超过头顶。整个过程应注意呼吸。

5. 站立，双脚自然分开，弯曲双膝。头部向下放松。同时，双手合十，指尖垂直并朝向地面。

【注意事项】◎如果练习的时间有点长了，大腿在伸长的时候就会感觉到发紧，这时可以加长弯曲双膝的时间来缓解一下。

◎怀孕超过25周的准妈妈应避免进行深度的扭转练习。

◎开始时不要勉强自己，做操的次数可依身体状况而定，以后可逐渐增加运动量。

◎做完操后如果感觉到累，可适当减少运动量，以身体微微发热、略有睡意为佳。

◎身体不舒服时，可酌减体操的种类、次数、强度等。

◎早晨不要做操，沐浴后可以。

特别推荐：读美文，带着意念在冬日漫步

这是一篇描写肃静冬日情形的文章，在如此寂寥的冬日里，带着宝宝一起在温馨灵动的字里行间奔走和感受，莫名的美妙不由涌上心头！

我们也睡着了，一觉醒来，正是冬天的早晨。万籁无声，雪厚厚地堆着，窗槛上像是铺了温暖的棉花；窗格子显得加宽了，玻璃上结了冰纹，光线暗淡而静，更加强了屋内的舒适愉快的感觉。早晨的安静，似乎静在骨子里，我们走到窗口，挑了一处没有冰霜封住的地方，眺望田野的景色；可是我们单是走这几步路，脚下的地板已经在吱吱地响。窗外一幢幢的房子都是白雪盖顶；屋檐下、篱笆上都累累地挂满了雪条；院子里像石笋似站了很多雪柱，雪里藏的是什么东西，我们却看不出来。大树小树四面八方地伸出白色的手臂，指向天空；本来是墙壁篱笆的地方，形状更是奇怪，在昏暗的大地上面，它们向左右延伸，如跳如跃，似乎大自然一夜之间，把田野风景重新设计过，好让人间的画师来临摹。

——梭罗《冬日漫步》

严冬之夜，万物静寂，空中纷纷扬扬地下起了鹅毛大雪，这为清晨的雪景定下了冷峻的基调。清晨的雪景随着时间的推移和地点的转换有层次地展现。在晨光中，院子里的大小树木"四面八方地伸出白色的手臂"，墙壁篱笆"向左右延伸，如跳如跃"，一切显得如此生机勃勃，表达了作者对自然的崇尚与赞美。把这样的文章与胎宝宝一起分享，可以激发胎宝宝的语言天赋，并使胎宝宝对大自然充满憧憬和向往。

🔴 一夜大雪过后的清晨，万物都在沉睡，却仍显得生机勃勃。

80后准爸爸的胎教帮帮忙：和妻子一起做运动

■ 与妻子做前后推掌运动

推掌动作可以加速手掌的血液循环，使手掌变得温热，从而能起到按摩手掌穴位的功效，以达到调节内脏功能、刺激腺体、促进准妈妈内分泌平衡的目的。其具体操作步骤如下：

1. 准爸爸和准妈妈面对面端坐，双方均右腿伸直、左腿弯曲，双手掌心相对（图①）。

2. 准爸爸用左手轻轻地将准妈妈的右手向后推，一直推至妻子胸前（图②）。

3. 准妈妈用右手轻轻地将准爸爸的左手推回至准爸爸的胸前，同时，准爸爸用右手轻轻地推动妻子的左手（图③）。如此反复操作即可。

【注意事项】推手掌的过程中要始终保持脊柱的挺拔，力度要稍轻，以免准妈妈重心不稳摔倒。每天可进行1～2次此项运动，每次来回推掌以30分钟左右为宜。

本月辅助性胎教连连看

■ 语言胎教：给胎宝宝唱首儿歌

《数鸭子》是一首经典的儿歌，歌词亲切生动、颇有童趣，听着这样的儿歌，大人们都会想起"儿时的石桥"、"毛茸茸可爱的鸭子"等，顿时给人一种温馨的感觉，何况是天真可爱的小朋友呢！

门前大桥下，游过一群鸭，
快来快来数一数，二四六七八。
嘎嘎嘎嘎，真呀真多鸭，
数不清到底多少鸭，
数不清到底多少鸭。

赶鸭老爷爷，胡子白花花。
唱呀唱着家乡戏，还会说笑话。
小孩小孩快快上学校，
别考个鸭蛋抱回家，别考个鸭蛋抱回家。

这首有趣的儿歌不仅能让胎宝宝在歌声中感受到欢乐和愉悦，还能增强他对数字的认知。准妈妈可以在做些简单家务活的时候哼唱这首儿歌。

■ 拍打胎教：和胎宝宝一起做游戏

到了这个月，许多准妈妈已经可以感受到胎动了，这是一个令人兴奋的时刻。这时准妈妈可以与胎宝宝做做拍打游戏，让胎宝宝感受母爱，同时也可以通过游戏激发胎宝宝的各项潜能。

准妈妈可以平卧，放松腹部，先用手在腹部从上至下、由左至右来回地抚摸，并用手指轻轻按下再抬起，然后轻轻地做一些按压和拍打的动作，给胎宝宝以触觉上的刺激。

刚开始时，胎宝宝不会做出反应，但准妈妈不要灰心，一定要坚持长久且有规律地去做。一般需要几个星期的时间，胎宝宝才会有所反应，如身体轻轻蠕动、手脚转动等。需注意，开始时每次进行5分钟，等胎宝宝做出反应后，可每次进行5～10分钟。如果胎宝宝表现出异常胎动或准妈妈不舒服，则应立即停止。

给胎教效果加分的生活细节

■ 孕期不可忽视护眼

怀孕期间激素变化会导致黏液层分泌减少,使得泪液膜的均匀分布遭到破坏,继而会影响油脂层的分泌。因此,准妈妈应该从内到外、全方位地对眼睛进行护理。

明亮的环境对于眼睛的保养很重要,"养眼"第一步就是要针对不同的工作环境给予不同的照明。使用电脑时,眼睛应距离电脑屏幕60~80厘米,连续用眼30分钟后,最好休息5~10分钟。电脑屏幕应擦拭干净。当桌面出现反光刺眼现象时,可铺上米黄色纸或绿色垫板。上班族的准妈妈不妨利用中午休息时间热敷或轻轻按摩眼窝。

■ 听听胎心音

胎心音就是胎宝宝心跳的声音,多在准妈妈怀孕第4个月时便可听见。胎宝宝的心跳声多表现为"嘀嗒、嘀嗒"声,与钟表走动时发出的声音很相似。但是要听准胎心音并没有那么容易掌握,准妈妈和准爸爸在这个时期可要认真学习听胎心音的诀窍了!

准爸爸在听胎心音的时候,可以让准妈妈取一舒适的仰卧位,然后平躺在床上,双腿自然地平伸,并尽量伸直,准爸爸趴在准妈妈的腹壁上,直接用耳朵听,也可以用一个木头材质的听筒仔细地听。以每次听1分钟时间,每天听1~3次为宜。

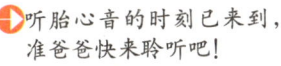
听胎心音的时刻已来到,准爸爸快来聆听吧!

孕6月（21～24周)
无限风光，带着胎宝宝去旅行

准妈妈与胎宝宝情况实录

让我轻轻地告诉你：

到了这一阶段，妈妈感觉舒服多了，基本上没有了强烈的反应和不适感，爸爸还想带着咱俩出去旅行呢！好像一说到玩，你在妈妈的肚肚里也兴奋不已了，你是不是特别想看看外面的世界啊？等你出生了，爸爸妈妈一定带你到海边去捡贝壳，好不好？

❤ 准妈妈的小小变化

外形变化：
　　子宫日渐增大，将腹壁向外挤，致使腹部更加膨隆，腰部曲线完全消失。

皮肤问题：
　　由于腹部的膨胀，故从肚脐往下至耻骨联合出现褐色妊娠纹；且部分准妈妈还会出现多个部位皮肤瘙痒问题。

身体不适：
　　增大的子宫压迫肺、胃、膀胱等，导致呼吸急促、消化不良、小便频数等症；腹部的隆起和体重的增加也使准妈妈的腰背负担加重，下肢也容易疲劳，出现下肢浮肿、小腿抽筋等不适。

预防贫血：
　　由于血浆的增加，准妈妈容易患贫血症状，应多摄取动物肝脏等富含铁的食物。

⭐ 胎宝宝的小小变化

外形特征：
　　胎宝宝身长30厘米左右，重约600克，眼睑和眉毛基本形成，指甲已变长并覆盖手指。

皮肤发育：
　　胎宝宝的皮肤已分为表皮和真皮，表皮已经长到4层厚，表面的皮脂腺开始分泌胎脂，胎脂的分泌也逐渐增多，皮肤变得光洁细嫩。

感觉器官发育：
　　本月胎宝宝的各器官发育最快，视觉、听觉、味觉、嗅觉、触觉等各类感觉器官的神经细胞得到全面发展。

对外界有反应：
　　耳朵已完全形成，开始对外界的声音有所反应，能听见准妈妈的心脏跳动、血液流动以及胃里食物消化等声音。

80后准妈妈的本月胎教主题：外出旅行，周密安排

进入孕6月，准妈妈的身体已基本进入稳定期，此时准妈妈的身体状态一般都比较好，故在不给身体带来过多负担的前提下，准妈妈没有必要刻意去限制外出旅行的次数。在旅行的过程中，可以一览群山的壮丽、树叶的丰富形状、鲜花的五彩斑斓以及领略鸟儿的动听歌声等，就连水都有溪流、江河、湖泊、大海等多种形态，而美丽也分为好多种类，如乡村古镇的静谧之美、黄河长城的雄伟之美、高山峻岭的险峻之美、长江庭院的秀气之美、黄山云雾的仙境之美等，每一处的自然之美都会给心灵带来不同的震撼和熏陶，胎宝宝在欣赏美丽的同时心灵也得到了放松，各种感官也得到了一定的刺激，对其成长发育有着积极作用。

■旅行前的首要问题

旅行的目的是为了解除准妈妈的压力，并培养胎宝宝的情操，所以筹备一次旅行绝对不是简单的事情，首先要选择一个环境优美、路程适中、交通便利的地方，以免旅途过于劳累而影响母婴健康。其次要安排好出门的交通工具，汽车、火车以及飞机的选择可根据准妈妈的身体状况具体安排；还要安排好每日的行程，切忌行程安排过紧。

另外，准妈妈还要咨询专门的孕检医

➲一家人外出旅行要选择在准妈妈孕中期进行！

生，凡是有过流产史、早产史的准妈妈以及患有严重的心脏病、高血压、糖尿病等症的准妈妈均不宜外出旅行；孕期出现腹痛或阴道出血等症状的准妈妈也不宜旅行。

■ **旅行时要注意衣食住行的安排**

◎衣：在衣着方面，准妈妈应尽量穿比较宽松的衣物。若是冬天，一定要做好保暖的准备，如可以佩戴帽子、手套、围巾等以预防感冒；若是夏天，防晒帽、防晒伞、防晒油、润肤乳液是必不可少的。要穿舒适的鞋子，避免走路产生疲劳。

◎食：在出游期间应避免吃生冷、不干净或吃不惯的食物，以免造成消化不良、腹泻等身体不适；奶类、海鲜等食物极易腐坏，若不能确定是否新鲜，应避免食用；多喝开水，多吃水果、干果等食物，可防脱水与便秘。准妈妈还应准备自己专用的维生素，可以向医生咨询服用方法。此外，还要携带一小罐准妈妈奶粉，可以在没有牛奶的情况下食用。

◎住：应选择气候适宜、卫生整洁的居住环境，这样有利于准妈妈的身心放松。避免住在没有卫生保障、附近没有医院的地方；避免前往偏僻或者交通不便的地区；避免前往蚊蝇多、卫生差的地区；避免前往传染病盛行的地区。

◎行：走路时也要注意不要太费体力，一切应量力而行；交通工具的选择要以不颠簸为宜。

另外，准妈妈还需要准备一些特殊用品，如抗腹泻药、口服的肠胃药和外用的酒精棉、止吐药、优碘、外伤药膏、蚊虫咬伤药膏等。因为外出时难免会有些小意外发生，这些药品则可以为准妈妈解除后顾之忧；还有一些准妈妈会用到卫生用品，主要包括消毒纸巾、护垫以及可以清洁公用马桶盖用的消毒喷剂等。如果条件允许，还可以带一个舒服的小枕头或软垫供途中使用。

快乐孕期快乐胎教

一旦进入孕中期，准妈妈身体变得越来越笨重，一不小心就有摔倒的可能。但是，准妈妈不能每天呆在室内，外出活动是在所难免的，此时准妈妈就要将安全问题提高到首要地位，学习撞倒时的紧急应对措施是十分必要的。

◎**护住肚子**：若准妈妈不慎被撞倒，应立即用手中的包或衣物放在肚子的左右两边或用手立即护住肚子，侧身着地以缓解被撞的冲击力，保护腹中的胎宝宝。

◎**别用手或膝着地**：当准妈妈因重心不稳要摔倒时，不宜用手撑地或双膝跪地，否则会损害关节，甚至造成骨折。

特别推荐：旅游胜地，一家三口出去走走

旅游是一种休闲放松的不错的方式，在领略各地山山水水、风土人情的同时，更可令人心情舒畅，准妈妈赶紧趁着身体尚属轻盈之际进行一次短途旅行吧！

■静谧古镇——凤凰古城

悠悠的沱江水是凤凰的灵魂，悬在江边的座座吊脚楼是凤凰的特色。岂止这些，凤凰的山、凤凰的水、凤凰的人，也都早已成了它美丽的一部分。沱江水清清浅浅地穿过小城，江边沿着城墙边一间挨着一间的吊脚楼玲珑雅致，绿色的沱江就从楼底流淌。沿江而行，听着湿润的空气中此起彼伏的歌声，美丽的虹桥不知不觉已来到眼前……

凤凰是一个安静祥和的小镇，一个适合静静冥想的地方，准爸爸带着准妈妈及其腹中的胎宝宝一起走进凤凰，看到的是美景，收获的是心灵的宁静，可以让胎宝宝领略祖国大好河山的美丽，也可以让胎宝宝的心灵得到净化！

■江南古镇——扬州

扬州，地处江苏中部，长江北岸，江淮平原的南端，是我国古九州之一，因"州界多水，水扬波"而得名，迄今已有近2500年的历史。

自古以来，扬州就有"园林多是宅"的说法。扬州园林规模可大可小，大者如影园有数亩，小者如容膝园，仅数十步而已。由于城内房屋鳞次栉比，空间有限，故住宅园林多为小中见大，妙在局部的精微之作。

个园建筑采用分峰叠石的手法，选用不同颜色的石料，巧妙地表现出春、夏、秋、冬四季景色，给人无限的联想空间。另一处著名的园林是何园，在扬州市区花园巷内，又称寄啸山庄，为庭院式建筑，结构紧凑。

"烟花三月下扬州"，柔情宝宝的古镇。

80后准爸爸的胎教帮帮忙：为妻子制订一个短途旅行计划吧

到了孕6月，胎宝宝已经进入了稳定期，这时妻子可以出门走走了。丈夫可以带妻子回趟娘家，体会亲情的可贵并领略家乡的山水；也可以带着妻子去附近的青山绿水处散步踏青，呼吸一下新鲜的空气；还可以带妻子去看看大江南北的风光，了解我国不同民俗风情的特点，提前体验一下一家三口去旅行的乐趣。这不仅对分娩有益，还可以有效地改善准妈妈的心情，对胎宝宝的生长发育也有很大的帮助。在领略户外秀美风光的同时，准妈妈大多会产生美的享受，而这一信息极易传递给腹中的胎宝宝，胎宝宝的审美能力也会得到激发。那么，从现在开始，准爸爸就应该为妻子制订一个周密而详细的短途旅行了。

旅行宜忌	旅行地点	旅行时间	旅行必备品	旅行交通工具	旅行注意事项
宜	尽量选环境优美、空气清新、具有特色的地方。	3～5天	准妈妈所用的奶粉、宽松的衣物、纸巾、健康的零食、孕妇专用护肤品、安全药品、牙刷、毛巾等。	汽车、火车、飞机、轮船等。	◎每日饮食应干净，营养搭配合理。 ◎所住之处要干净，空气质量好。
忌	尽量避免选穷乡僻壤或者环境吵闹嘈杂、周围环境污秽的地方。	1个月以上	膨化食品、速食、碳酸饮料、过多的重物、过多的现金等。	所经途中如果太过于颠簸，则不宜乘坐汽车；途中所耗时间较长则不宜选择汽车或者火车。	◎旅途忌劳累过度。 ◎人多的地方不宜前往。 ◎不可憋尿。

另外，旅行回来后，请提醒妻子，一起给宝宝做一本回忆录吧！告诉胎宝宝你们去了哪些地方，看到了什么景物，此次旅行你们的收获是什么，心情怎么样等，一系列的感受都可以告诉给腹中的胎宝宝。

本月辅助性胎教连连看

■ 营养胎教：多吃鱼，宝宝更聪明

DHA是具有重要生理功能的长链多元不饱和脂肪酸，存在于人体的视网膜及大脑的皮质细胞中，是神经及视网膜正常发育所需的必要物质，有利于促进脑部及视网膜的发育，并可改善睡眠质量。准妈妈补充DHA，最好是以食用鱼类为主，其中家常醋焖鱼即富含DHA。

家常醋焖鱼

材料： 鱼1条，豆腐片100克，葱白丝、姜丝、葱花、红椒段各少量。

调料： 醋3大匙，料酒、生抽、白糖各少许，盐1大匙，干淀粉、水淀粉各适量。

做法：
❶ 将鱼处理干净后盛入盘中，加入部分葱白丝、姜丝、料酒及少许盐拌匀，腌渍约10分钟后在鱼身上裹一层干淀粉，备用。

❷ 热锅，倒入油，烧至七成热时放入鱼，以小火慢慢煎炸至表皮呈微黄色即可。

❸ 锅内留少许底油，放入剩余葱白丝、姜丝煸炒出香味，再加入醋、生抽、料酒烹香，然后倒入适量温开水，煮沸后加入红椒段、白糖、盐调味，并将煎炸好的鱼推入锅中，大火烧开后改用小火慢烧。

❹ 豆腐片入锅中一起慢烧，30分钟后以水淀粉勾芡，装盘，撒葱花即可。

■ 知识胎教：教胎宝宝认识数字

胎宝宝从这个月开始已经可以听见外界的声音了，所以准妈妈可以教胎宝宝认识基本数字了。以"1"为例，准妈妈要和胎宝宝说话，"1"像什么呢？"妈妈的毛衣针"、"竖起来的筷子"等，并将这些联想印在头脑中传递给胎宝宝。其实，准妈妈不一定要教胎宝宝什么，可以是准妈妈自己学习一种新知识、一项新技能，只要准妈妈认真学习，这种培养是潜移默化的。

给胎教效果加分的生活细节

■ 谨防孕期下肢水肿

下肢水肿是很多准妈妈的苦恼,多是由子宫增大所导致的。该症状常表现出脚踝皮肤紧绷,按压后会呈现明显的凹陷。如果准妈妈总是长时间保持一个姿势,就会在脖子、脚、腿、腹壁和外阴等处发生不同程度的水肿,尤以下肢水肿最明显和最为常见。解决之道如下:

◎从事久坐、久站工作的准妈妈,需要尽快改变坐和站的习惯。不盘腿而坐,不翘腿而坐,更不可久坐不动。久坐后要适当地走动以促进血液循环。站立时,也要时常变换姿势,可以用交换重心的方式,让两条腿轮流休息。

◎准妈妈要多吃富含无机盐的食物,如富含钾的香蕉、梨等,富含维生素C的草莓、柠檬等,富含维生素B_1的猪肉和花生等,富含蛋白质的鱼类、豆类等,既能消肿又有营养。

◎准妈妈取站位,双手相扣,双腿分开与肩同宽,大口呼吸的同时,慢慢做下蹲动作,也可有效地消除水肿。

■ 休息充足,母婴健康

孕期的准妈妈必须保证每天至少有8小时的睡眠时间,并要养成睡午觉的习惯,通过足量的睡眠来消除疲劳,使体力与脑力得到恢复。午睡时间长短可因人而异、因时而异,30分钟到1小时,甚至再长一点都可以。午睡时,要脱掉鞋子,把双脚架在一个坐垫上,抬高双腿,睡觉时在双腿间可夹一个软垫,然后全身放松。

为了促进睡眠,准妈妈还要注意以下几点:

◎为了杜绝夜间尿急、尿频,准妈妈白天应多喝水,傍晚或夜间则尽量少喝或不喝。

◎睡前喝一杯热牛奶,因为牛奶富含色氨酸,能够补充大脑所需的营养物质,起到安眠作用。

◎某些准妈妈会因为饥饿难忍或妊娠呕吐造成夜间难以入睡。若准妈妈在呕吐厉害却没有食欲的时候,吃一些薄而脆的饼干,对止吐和充饥有很明显的效果,从而能够保证睡眠。

◎保证睡姿正确,尽量采用侧卧位,以免挤压胸部和腹部,造成身体不适而影响睡眠质量。

一杯热牛奶是帮助准妈妈入眠的好帮手。

孕7月（25～28周）
音乐浪潮，竖起耳朵聆听美妙旋律

准妈妈与胎宝宝情况实录

让我轻轻地告诉你：

妈妈的宝贝，你是不是已经习惯和妈妈一块玩了，如果有一段时间没有听到妈妈的声音，是不是就会非常想念妈妈呢！然后你就会在妈妈的肚子里左动右动的，是不是怕妈妈冷落你啊？你放心吧，妈妈一直都陪着你呢，而且就算你长大成人了，妈妈也会永远陪在你的身边。

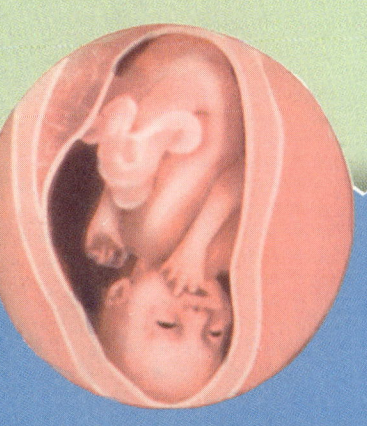

准妈妈的小小变化

外形变化：

准妈妈子宫底高达剑突与脐之间，宫高约23～25厘米。由于皮下脂脂肪增长速度不及皮肤，导致腹部乃至胸部出现青紫色的条纹。

眼睛不适：

准妈妈的眼睛开始有点怕强光，常感到眼睛刺痛、干燥，这是正常的生理反应，不用太担心。

子宫增大：

子宫日益增大，严重挤压肋骨使其产生疼痛感；并压迫胃，影响胃的消化功能，导致便秘、痔疮或使痔疮加重等。有些准妈妈甚至常常感到腹部有针扎样的疼痛感。

胎宝宝的小小变化

外形特征：

胎宝宝身长35厘米左右，重约1000克，皮肤呈暗红色，样子就像是一个小老头。

大脑发育：

大脑皮质更加发达，胎宝宝对外界的声音表现得更加敏感。

脏器发育：

胎宝宝的肺泡开始发育，数量不断增加，但呼吸器官还没有发育完善；心脏发育完善，心跳更加有力。

视力发育：

眼睑和眼球完全长成，眼睛已经可以开合，视力进一步发育。

80后准妈妈的本月胎教主题：挑选适合胎宝宝听的音乐

怡人的音乐可以刺激准妈妈和胎宝宝的听觉神经器官，促使母体分泌出一些有益于健康的激素，使胎宝宝能健康地发育。

现在胎宝宝的内耳、中耳、外耳等听觉系统已经建立，胎宝宝在准妈妈的子宫里对外界的声音刺激会有所反应，包括感受到准妈妈的心跳速度、血液流动的节奏、胃肠蠕动的韵律。

那么，准妈妈与腹中的胎宝宝一起来一场音乐之旅吧！

■ 选择音乐，注重精华

随着胎教理论的推广，很多准妈妈已经意识到音乐胎教对胎宝宝成长的重要性。现在我们就来给准妈妈们解密音乐胎教中的精华——高品质的胎教音乐。

◎**选用的乐曲最好与准妈妈的心跳节奏相近。**因为胎宝宝在母体中听到最多的是准妈妈的心跳声，其次是准妈妈血管的血流声、肠鸣声和羊水的声音。准妈妈的心跳声是有规律的，这种声音能给胎宝宝带来安全感，还具有抚慰胎宝宝心灵的神奇作用。与此相吻合的音乐节奏是胎宝宝能够接受的。

↓亲爱的宝宝，这首歌好听吗？

◎**选用原汁原味的真人演奏的经典音乐。**音乐要靠心灵去感悟，真人演奏的乐曲有情感的信息流露，这种乐曲能真正打动人心，让人彻底融入到音乐世界中去。电声音乐尽管节奏性也很强，但是缺乏情感信息。而真人演奏的经典音乐都是经过时间的沉淀，在漫漫历史长河中留存下来，具有深厚的文化内涵。

◎**选用温柔而宽厚的中、低音频的音乐。**据一项科学测定发现，宽厚的低频最容易被胎宝宝接受。这大概是因为这种音频与胎宝宝习以为常的准妈妈的心跳声类似。另外，准妈妈选择胎教音乐时，一定要避免高而尖的音乐。那些音色圆润、浑厚的大提琴、吉他、古筝等中、低音乐器演奏的乐曲最适合用来做胎教。

◎**选择正版的音像制品。**只有选择一流的演奏、一流的制作版本的音像制品，才能体会其美妙与精彩。因此，选择胎教音乐还要考虑到品质问题。这里要呼吁准妈妈，杜绝购买盗版的胎教音乐，否则会让音乐胎教的作用大打折扣。

■不同时段选择不同的音乐

◎**清晨：**吃完早餐，舒服地坐在躺椅或沙发上，微微地闭上双眼，静静地聆听着来自大自然的天籁之声——《清晨》。这首曲子出自班得瑞之手，有舒缓神经、排解困意、舒活筋骨的作用。听着这样一首轻柔的轻音乐，空气中仿佛都弥漫着清新的味道，朝阳挥洒大地，一切都是如此的宁静，而渐渐地，街道已开始喧闹起来，新的一天就这样开始了……清晨渐渐从梦中苏醒，让我们和胎宝宝一起触摸第一缕温暖的曙光吧!

◎**下午：**午睡过后，朦朦胧胧地睁开双眼，稍微活动一下，一首美妙的舞曲——《蓝色多瑙河》在耳边回响，全身的运动细胞都在膨胀，整个人顿觉轻松和愉悦。《蓝色多瑙河》是一首圆舞曲，是约翰·施特劳斯所作170首圆舞曲中最具代表性的一首。这支著名的圆舞曲优美动人，节奏富于动感，适合准妈妈在怀孕中后期听，准妈妈在欣赏这部作品时，可通过想象感受鲜明的音乐形象，进一步理解奥地利人民热爱生活、热爱故乡的深厚感情。

◎**晚间：**临睡之前，准妈妈可以听一首温柔的催眠曲，如《宝宝，睡吧!》，也可以给胎宝宝哼唱，还可以抚摸着自己的肚子，让胎宝宝放松身心，安心地入睡，甜甜地进入梦乡。

快乐孕期快乐胎教

在音乐中教胎宝宝堆积木

准妈妈在听胎教音乐的同时也可以玩一玩堆积木，让胎宝宝徜徉在音乐的海洋中快乐地受到动手和动脑熏陶。

堆积木是儿童最喜欢的游戏之一，可以用来提高学龄前儿童的手脑互动能力。现在选堆积木为胎教课程，一样可以起到刺激胎宝宝大脑良性发育的作用。准妈妈要选择颜色鲜艳、形状简单的积木作为道具，试着把积木排成长长的一列，然后再打乱，重新再排，并在脑海里把所看的信息形象化，再传递给胎宝宝。也可以往高处堆，但要避免积木落地的声音，因为这种突如其来的声音，会惊吓到肚子里的胎宝宝，影响到胎教效果。

特别推荐：随着音乐翩翩起舞吧

准妈妈可以边听音乐边跳舞，让胎宝宝也随着音乐动起来，这样对准妈妈和胎宝宝都有很大的好处，比如：跳舞时准妈妈的精神会集中在身体动作和音乐节奏上，既能保持良好的情绪，也能让胎宝宝得到锻炼，并有利于促进胎宝宝的身体发育和神经系统的发展；舞蹈能让准妈妈的骨盆比较放松，能增强体力和各部位肌肉韧性，有利于分娩；舞蹈中各种各样的步伐和动作能增强准妈妈身体的灵活性，也能间接促进胎宝宝智力的发育。

尽管如此，准妈妈在跳舞的时候还是需要格外注意，一些不适宜的动作不要轻易尝试，并根据自身的身体情况合理调整运动强度，一旦感到头晕或者呼吸急促就应立即停止活动。

另外，准妈妈跳舞之前最好补充适量的水分，跳完后还要及时地摄取足量的热量和营养。因为怀孕的中晚期准妈妈的身体比较臃肿，故在舞蹈节奏和强度上均应做适当的调整，要减慢和降低运动强度，这就需要尽量选择舒缓、安静、柔和的曲目，以配合慢节奏的舞步。

为了安全起见，准妈妈在跳舞前最好选择适合的服装和鞋子，尤其是患有水肿症状的准妈妈，鞋子的选择要保证绝对的舒适，而且要避免在炎热潮湿的环境跳舞，可以选择在宽敞的客厅或者通透的阳台舞蹈！

准妈妈伴随着轻快的音乐翩翩起舞，不但有利于分娩，还能促进胎宝宝的智力发育！

80后准爸爸的胎教帮帮忙：别让音乐胎教少了你的身影

■ 积极配合妻子进行音乐胎教

妻子在给胎宝宝进行音乐胎教时，准爸爸不可袖手旁观，应该积极配合。比如，妻子现在正在给胎宝宝唱一首幸福的拍手歌，准爸爸就可以跟着节奏与妻子互动，让胎宝宝感受到一家人的快乐和幸福，并真切地体会到歌词的大意。下面具体为大家示范讲解一下：

如果感到幸福你就拍拍手，如果感到幸福你就拍拍手，如果感到幸福就快快拍拍手呀，来呀！大家一齐拍拍手。（妻子唱到此处，准爸爸可以跟着节奏拍拍手！）

如果感到幸福你就跺跺脚，如果感到幸福你就跺跺脚，如果感到幸福就快快跺跺脚呀，来呀！大家一齐跺跺脚。（妻子唱到此处，准爸爸可以跟着节奏跺跺脚！）

如果感到幸福你就伸伸腰，如果感到幸福你就伸伸腰，如果感到幸福就快快伸伸腰呀，来呀！大家一齐伸伸腰。（妻子唱到此处，准爸爸可以跟着节奏伸伸腰！）

如果感到幸福你就挤挤眼儿，如果感到幸福你就挤挤眼儿，如果感到幸福就快快挤挤眼儿呀，来呀！大家一齐挤挤眼儿。（妻子唱到此处，准爸爸可以跟着节奏挤挤眼睛！）

如果感到幸福你就拍拍肩，如果感到幸福你就拍拍肩，如果感到幸福就快快拍拍肩呀，来呀！大家一齐拍拍肩。（妻子唱到此处，准爸爸可以跟着节奏拍拍肩，也可以拍拍妻子的肩膀！）

■ 音乐和抚摸相结合，双剑合璧的胎教

妻子在给胎宝宝进行音乐胎教的时候，准爸爸陪在身旁，可以深情、温柔地抚摸妻子的肚子，让胎宝宝感受到爱抚，并能进行一些特定的运动。准爸爸还可以准备一些摇铃等能发出声音的玩具，或者双手轻拍等来打节奏，然后配合播放的有节奏的音乐，跟着这种节拍抚摸着胎宝宝，让胎宝宝感受四拍、三拍、二拍等不同的节奏，在欢快的气氛中协助妻子顺利地完成胎教。

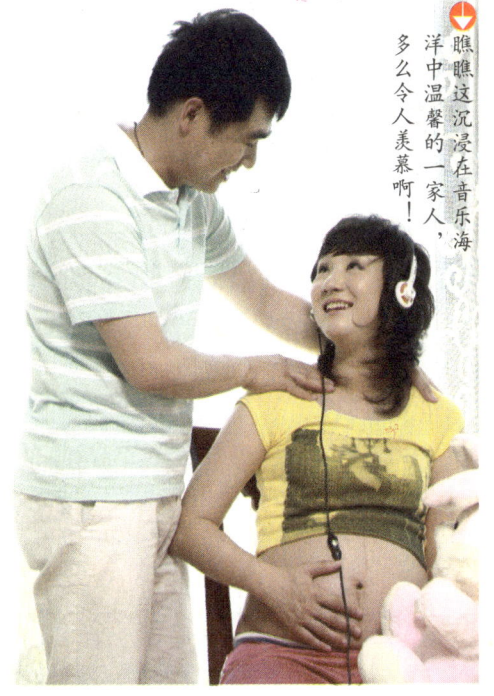

瞧瞧这沉浸在音乐海洋中温馨的一家人，多么令人羡慕啊！

本月辅助性胎教连连看

■ 知识胎教：教胎宝宝认识英文字母

准妈妈们不要以为"双语教育"是小孩子出生以后的事情，其实，当宝宝在妈妈肚子里的时候，就可以对他进行英语教育，为"双语宝宝"打下基础。准妈妈可以充分展开想象，带着宝宝一起在英文的天空中自由翱翔！你可以这样告诉胎宝宝，让他对英文字母有一个初步印象。

A→好似一顶尖帽子。
B→将两个半圆上下摞在一起，身形好似大胖子。
C→好像弯弯的月亮。
D→一个开心的字母，整天哈哈大笑的样子。
E→三根小棍儿插在一根杆子上，好像三个小人排成一排。
H→一架梯子，不过只有一节脚踏板。
J→长得好像一个钩子，如"衣帽钩"、"鱼钩"等。

L→直尺的一角。
M→好似一座山。
O→一个小圆圈。
Q→一个小气球。
R→一个昂首挺胸的士兵正迈步前进。
S→一条弯弯的小河。
U→一个大水缸。
V→一个小漏斗。
X→一个小叉叉。
Y→一个小树丫。

这样进行形象地想象，准妈妈再将其用笔写在纸上，胎宝宝会深刻地感受到英文字母的形象，对以后学习英语将大有裨益。

■ 知识胎教：告诉胎宝宝为什么会有四季变化

春暖花开、夏日炎炎、秋高气爽、冬雪飞扬，一年四季就这样不断更迭着，宝宝也在一年又一年地长大。那么，为什么会有四季变化呢？关于这个问题，就让准爸爸或者准妈妈来给胎宝宝解释一下吧！

我们居住的地球一直围绕着太阳转动，这种转动被科学家称作公转；同时，地球本身也会歪着身子自我旋转，好像一个舞者不停地转圈，还围绕着一个东西不停地移动着。太阳是一个会发光发热的大火球，当太阳光直射地球表面时，地球表面的温度达到最高，因为地球一直歪着身子，所以另一边就极少或几乎不能受到阳光的照射。当某个地方围绕着太阳公转了一年，这一年里就会出现冷热不同的时间段，这就形成了温度变化和四季变化。

给胎教效果加分的生活细节

■谨防早产的发生

准妈妈如果在怀孕第28~37周之间分娩即为早产。到了孕7月,还未达到预产期,此时准妈妈的腹部若开始疼痛,且难以忍受,并有出血迹象,阴道持续不断有水流出等,预示着准妈妈出现了早产现象。

通常情况下,早产儿的体重均不足2500克,四肢肌肉显得既软弱又无力,身体发育不成熟,且各个脏腑器官的功能发展也不完善。因此,准妈妈要谨防早产的发生。

◎准妈妈在孕期要控制盐分的摄取。
◎多吃鱼,但要避免食用含汞过量的鱼类。
◎纠正不良的生活习惯,养成按时起居的生活作息规律。
◎避免剧烈运动,尤其要节制性生活。
◎准妈妈的身体逐渐臃肿,不论去哪里,甚至在家里都应该时刻注意自己和胎宝宝的安全。
◎避免使用震动较大的按摩仪器或乘坐震动较大的交通工具。

■学学测量宫高

准妈妈从现在起要学会测量子宫底高度,而这件事情可由准爸爸来代劳。子宫底高度随孕周的增加而增加,可以比较准确地提示胎宝宝的生长发育情况。

过去用脐孔作标记测量宫底高度,比较方便,但脐孔与耻骨联合间的距离因人而异,并不十分准确,因此现在多用软尺测量。在测量前,准妈妈应排空小便,平卧,两腿放平,腹壁放松。准爸爸将软尺的一端放在耻骨联合上缘,一端放在子宫底顶端,测量这一段的弧形长度。软尺要紧贴腹壁皮肤。在怀孕第20~34周,子宫底平均每周增长1厘米。到34周以后,增长较慢,平均每周增长0.8厘米。

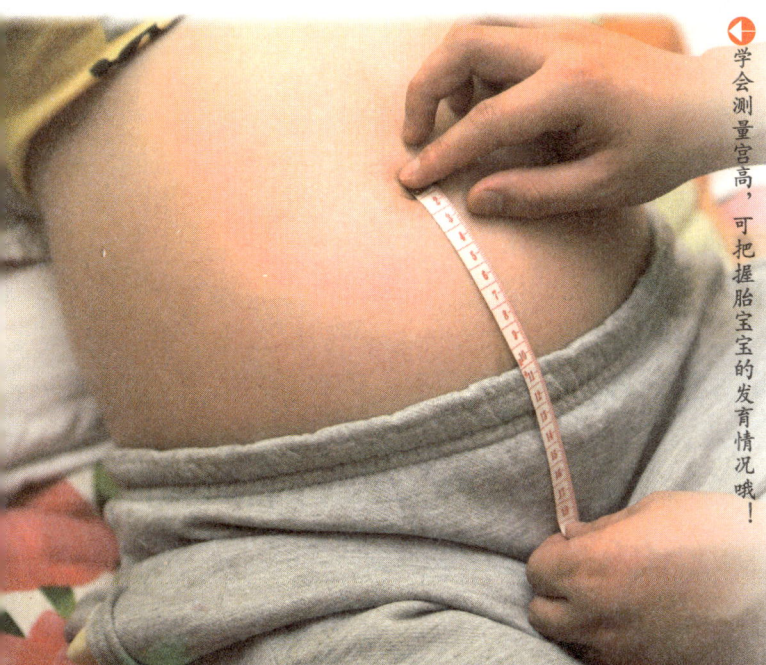

◀ 学会测量宫高,可把握胎宝宝的发育情况哦!

孕晚期，胎教第3步
——胎教的关键时刻，关注胎宝宝的全面发展

孕8月（29～32周）

欣赏名家作品，让宝宝爱上静静的美

准妈妈与胎宝宝情况实录

让我轻轻地告诉你：

亲爱的宝宝，我们已经共同度过了大半年的时光了，看到你健健康康地长大，妈妈别提有多自豪、多骄傲了！一想到马上就要见到调皮的你了，爸爸和妈妈无比地开心。爸爸和妈妈希望你在这最后的三个月里，同样能够健康地成长着。在这最后的冲刺阶段，妈妈知道你会长得很快，妈妈也会出现一些不适症状，但是妈妈会坚持的，你也要继续加油哦！

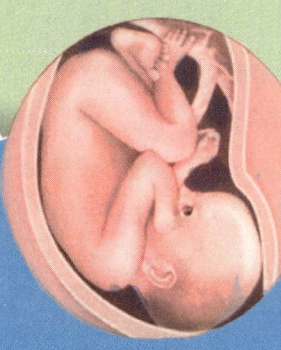

♥ 准妈妈的小小变化

子宫底高度：
可达25～30厘米。

初乳形成：
进入妊娠后期，乳房开始形成初乳。

日常不适：
随着子宫的增大，血管受压迫，下肢静脉曲张、痔疮、腰背酸痛等症状进一步加重。子宫的增大还会压迫胃和心脏，导致胸闷气喘、胃部不适等症状，需要适当休息。

胎动频繁：
胎动更为频繁，准妈妈时常会感受到胎宝宝踢自己的腹壁，有时甚至会感到胸部疼痛。

⭐ 胎宝宝的小小变化

外形特征：
身长39～42厘米，体重达1300～2100克，头部明显增大。

大脑发育：
脑组织数量增加，大脑特有的褶皱和凹槽已基本形成；脑细胞和神经系统发育更加完善。

视力发育：
胎宝宝已经会睁眼和闭眼了，也能够辨别白天和夜晚了。

感觉器官发育：
胎宝宝的听觉、视觉、触觉、味觉与嗅觉已经大致发育完成，并能够感知子宫外面的世界了。

80后准妈妈的本月胎教主题：欣赏名家作品，提高审美能力

与胎宝宝一起欣赏名家作品，比如国画、油画、书法、雕塑等，可以培养宝宝丰富的想象力、独创性以及进取精神，是比较有效的一种胎教方法。

准妈妈欣赏名家作品时，可选那些色彩丰富、富于幻想、意义深刻的作品，还可以用富于想象力的语言以讲故事的形式表达出来，对胎宝宝晓之以理、动之以情。

■名画欣赏：母与子

《母与子》是法国雷诺阿于1886年创作的作品，画中一个胖乎乎的小婴儿正痛快地吮吸着母亲甘甜的乳汁，小脚丫悠然自得地摇晃着，年轻的母亲脸上流露出幸福和安逸的神情。这一温馨的画面深深地打动了每一位欣赏者的心灵。

准妈妈们呢？从知道自己的腹中有一个小生命在孕育的那一刻起，是否就已非常渴望早日享受哺育和养育宝宝的幸福呢？看到这幅画面，准妈妈是否已经看到可爱的小天使在向自己招手呢？

■国画赏析：荷花鸳鸯图

《荷花鸳鸯图》是清代画家吴振武的作品，描绘的是夏季荷塘一角，一对鸳鸯正在荷叶下畅游。整幅画作中的荷叶脉络清晰，荷花花瓣颜色红艳，在水波、水草、芦苇的映衬下荷花、荷叶和鸳鸯显得生灵活现，似乎顿觉夏季凉爽的微风拂过、荷叶的清香扑鼻。

准妈妈在欣赏这幅名作时，可发挥想象力，给自己和胎宝宝做一次

荷花鸳鸯图

心灵瑜伽，让自己的心情宁静，并让宝宝得到美的熏陶。

■ 雕塑观赏：抱鹅的少年

　　《抱鹅的少年》出自希腊哈尔基顿的雕刻家波厄多斯之手，描绘的是一个天真活泼的小孩和一只大鹅一起嬉戏的情景。作者将儿童的形象塑造得活灵活现，他正使劲想把往前走的鹅扳回来，而这只鹅则直蹬着叉开的双腿，张开嘴来拼命与儿童抗衡，而这个儿童似乎也乐在与大白鹅的对抗之中，他那顽皮的笑容充分体现出一个儿童固有的天真无邪与活泼开朗的天性。

　　另外，孩子头部的发型有很强的韵律节奏感，头顶上的小发卷则更显得可爱调皮，使整个雕塑看起来富有极其浓厚的生活气息，使观赏者们似乎看到了那蓓蕾初放的生命力，仿佛又回到了色彩斑斓的童年时代。

　　欣赏完这幅雕塑后，身为准妈妈的你是否也回到了童年时代？是否幻想过你的宝宝长大后也能与这个孩子一样活泼可爱、充满活力呢？

■ 书法观摩：兰亭集序

　　今天，就为准妈妈推荐一幅著名书法家王羲之的《兰亭集序》，希望准妈妈能从这幅字中体会到作者的思想情怀，也希望准妈妈的鉴赏能力能由此得以提高，并将对美的理解传递给腹中的胎宝宝，以达到美育胎教的目的。

　　王羲之轻拈鼠须笔，洋洋洒洒28行、324字一挥而就。在这短短的篇幅中，王羲之将兰亭的优美景色描写得入木三分，又记录了与朋友举杯尽欢的欢乐场面，同时也抒发了人生苦短、及时行乐、怡然自足的情怀。文章理义深远，而书法更是遒劲有力、变化无穷，二十多个"之"字竟无一雷同，如有神助。

◉ 兰亭集序

特别推荐：胎位不正，及时调整

一个正常的胎位应该是胎宝宝在准妈妈子宫内头朝下、臀朝上。凡是不属于这一正常姿势的胎位均属于不正常的胎位。胎位不正，对准妈妈来说是一个非常不好的的产检结果，不仅会影响胎宝宝的生命健康，还会加大分娩的困难。但是准妈妈也无须过度紧张和不安，大多不正的胎位是可以矫正的。只要听从医生的正确指导，准妈妈在家也可以自己矫正不正的胎位。

■侧卧位调整法

随着胎宝宝的增长，准妈妈夜间睡觉时基本上只能选择左侧卧位或右侧卧位。对胎位不正的准妈妈而言，侧卧位方向的正确选择应该基于胎宝宝肢侧的位置。也就是说，胎宝宝肢侧的位置在左，准妈妈则应选择左侧卧位；反之，准妈妈则要选择右侧卧位。准妈妈选择正确的睡姿后，因为地心引力的作用，胎宝宝的头部会很自然地进入骨盆，形成正常的胎位。

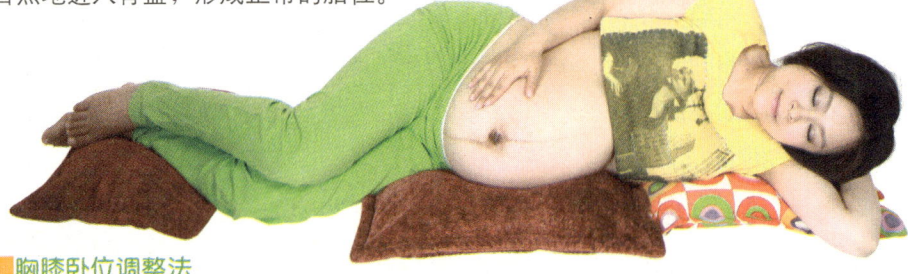

■胸膝卧位调整法

这种卧位能使胎头顶到母体的横膈处，借重心的改变来使孕29周后仍为臀位或横位的胎宝宝调回正常胎位，为顺利分娩做好充分的准备。具体步骤如下：

准妈妈于饭前、进食后2小时或早晨起床及晚上睡前排空尿液；放开腰带，俯卧在床上，双膝稍稍分开，胸贴在床上；缓缓地挺起臀部，头歪向一侧，且大腿与小腿成90°，双手下垂在床的两旁或者放在头两侧，形成臀高头低位即可。

80后准爸爸的胎教帮帮忙：给妻子拍张照吧

到了孕8月，整个孕期已达到最后一个阶段了，为了不让妻子在孕期留下遗憾，准爸爸可以给妻子留下靓照作为留念。如果妻子比较在意体型的变化、脸上的斑点，准爸爸一定要鼓励妻子："这是你孕（韵）味十足的表现，拍出的照片一定会很美！"

当妻子在树下漫步时，准爸爸也可以出其不意地抓拍一张妻子美美的照片哦！

■让妻子坐着拍一张靓照

准爸爸要告诉妻子摆姿势的要点：一手自然地放在椅子的扶手上，手臂不可僵硬；然后双脚呈一前一后的姿势摆放；腰部挺直，尽可能让腹部显现出来；头转45°，然后微微一笑。"咔嚓"一张，妻子的气质以及孕（韵）味美都呈现出来了。

■让妻子站着拍一张靓照

因为妻子站立的姿势会影响整张照片的质量，因此如果妻子身穿宽松服装，建议准爸爸拍照取景时只取七分，除了能拍出肚子的线条美以外，还能让妻子看起来不是很胖，如果只拍上半身，容易给人留下下半身肥胖的感觉。而拍摄七分身的比例，能让妻子的身型显得修长，但要注意脚的部分要保留一些，以免让人误以为裙子很长。如果妻子身材不是很高挑，也可以采用这样的拍摄角度让妻子看起来更高一些。

另外，身体正面对着镜头时，会给人以僵硬的感觉，况且腹部的曲线也不能很好地表现出来，倘若将身体微微倾斜一点，整体效果会立竿见影，让妻子看起来线条更完美、气质非凡。如果妻子的腹部比较大，此时可借助一些道具进行遮掩，例如，准爸爸可捕捉妻子开门出来的一瞬间，妻子的身体被门半遮半掩的那种感觉，能令妻子看起来瘦一些。

给妻子拍完照以后别忘了和妻子来一张合影，然后找个时间，和胎宝宝一起分享照片里的爸爸妈妈，指着照片的人——告诉宝宝这是谁、长得怎么样，然后憧憬一下宝宝的样子，告诉他希望宝宝长成什么样子，如眉毛像谁、嘴巴像谁等，述说的时候还要对应指着照片的部位，让宝宝对它产生印象。准妈妈和准爸爸这样做的时候，腹中的胎宝宝也会很高兴。

本月辅助性胎教连连看

■ 营养胎教：坚果总动员

坚果的脂肪以不饱和脂肪酸为主，且能为胎宝宝大脑提供充足的营养；坚果含有的十几种氨基酸是构成脑神经细胞的主要成分，可提高脑细胞活力；坚果富含B族维生素和维生素E，能促进胎宝宝的血管发育；坚果富含钙、铁、锌等多种无机盐，可促进胎宝宝骨骼钙化。可见，坚果是胎宝宝的营养美食，准妈妈一定要适当多吃。下面这道核桃蚝油生菜，味道鲜美、营养丰富，准妈妈不妨在日常生活中做来尝尝！

核桃蚝油生菜

材料：生菜200克，核桃仁100克。

调料：蚝油适量。

做法：
❶ 将生菜洗净并滤干水分。
❷ 锅烧热，放入核桃仁以小火炒熟，盛出后压碎成屑。
❸ 另起锅烧热，倒入适量的植物油，放入生菜用大火快炒1分钟，淋入蚝油炒至入味。
❹ 将生菜盛入盘中，撒上压碎的核桃屑即可。

■ 运动胎教：忌爬楼梯，宜散步、做孕妇瑜伽

到了孕晚期，准妈妈已不适宜爬楼梯了。特别是快到怀孕10个月的时候，准妈妈已经大腹便便，行动很不方便了，爬楼梯就成了危险的活动，一不小心就可能导致胎宝宝缺氧或早产。

如果准妈妈希望以爬楼梯的方式加强运动，到了本阶段一定要放弃这一想法，你完全可以用其他运动来代替爬楼梯，如平地散步，每天走20分钟就可以了。除了散步，准妈妈也可以勤做孕妇瑜伽或孕妇体操来锻炼身体。孕晚期的散步以稍慢的脚程为主，过快或时间过长都不好，在速度上以缓慢为宜。孕晚期的瑜伽也应以动作和缓、速度适中、呼吸平稳、动作简单为主。

给胎教效果加分的生活细节

■ 乳房按摩,为哺乳做好充分准备

乳房是女性重要的性器官,也是哺育后代的天然"粮库"。准妈妈进入孕5月时,乳晕四周会出现一些褐色的斑点,形成了第二乳晕,它可以增强皮肤的固定性,有利于哺乳。同时,乳房的血液供应也会更加丰富,皮肤浅层的静脉扩张会出现紫色的条纹。从这个月起,乳房便做好了为宝宝哺乳的充分准备,而准妈妈也可以通过简单的按摩来帮助今后乳汁的分泌。按摩乳房前,可在乳房上均匀地涂些按摩油或按摩膏,然后再轻轻地按照顺时针方向按摩,这样可使乳房皮肤光滑,帮助促进乳腺导管发育成熟,令乳头皮肤增厚并富有弹性。每天一次,每次按摩10分钟。

■ 可进行光照胎教,但也不能过久晒太阳

晒太阳是光照胎教的主要内容,且对准妈妈来说是非常舒服的享受。但要注意的是,尽管晒太阳对准妈妈及胎宝宝有很大的好处,但在太阳下晒的时间过长也会产生不利影响。医学研究发现,如果准妈妈长时间晒太阳,会导致胎宝宝早产。另外,皮肤长时间暴露在阳光之下,易受到紫外线伤害,进而诱发皮炎。特别是在强光的照射下,准妈妈的皮肤因为没有足量黑色素的保护,更容易使皮肤发炎。

准妈妈不宜在气温较高的时间段外出晒太阳,以免导致早产及增加流产几率。专家建议准妈妈在11:00~15:00温度最高时避免外出。每天的日晒时间要有保证。冬季每天不少于1小时,夏季每天不少于半小时。要注意季节性,尤其要避免盛夏暴晒、冬季晒太阳时间不足等问题。

准妈妈在舒服享受日光浴的同时也要控制好时间哦!

孕9月（33～36周）

动静结合，和胎宝宝一起成长

准妈妈与胎宝宝情况实录

让我轻轻地告诉你：

宝宝，妈妈今天在外面散步的时候看见一个刚学会走路的小朋友，他握着小拳头，身子摇摇晃晃的，妈妈好担心那个小朋友会摔倒，但是他那可爱的模样又让妈妈觉得好幸福啊！

你将来学走路的时候，是不是也是这么可爱呢？真的好期待那一天啊！

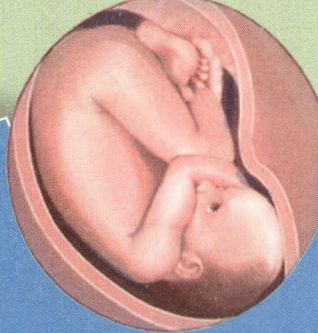

❤ 准妈妈的小小变化

子宫底高度：
可达29～34厘米。

腹部变化：
随着胎宝宝的不断成长，准妈妈的腹部不断隆起，已经没有足够空间了，严重压迫自己的胸部，使疼痛感加剧，呼吸也变得更加困难。

尿频尿急：
子宫对膀胱的进一步压迫，导致准妈妈排尿的次数增多，排尿后仍觉得膀胱里有尿液。

腹部不适：
腹部高高鼓起，时常感觉硬硬的，走得太快的话还会觉得腹部在抽痛。

⭐ 胎宝宝的小小变化

外形特征：
胎宝宝身长45～47厘米，体重可达1900～3100克，胎宝宝的皮下脂肪丰满，身体变得胖乎乎的，已经具备即将出生的宝宝的模样。

活动迟缓：
胎宝宝逐渐增大，在子宫内的活动空间变得越来越小，活动也变得更加迟缓，只能做些简单的肢体动作。

皮肤变化：
胎宝宝的皮肤略呈粉红色，皮肤上的褶皱逐渐减少。

指甲变化：
胎宝宝的手指已经长出指甲，并可达到指端。

80后准妈妈的本月胎教主题：能文则文，能武则武

■有助分娩的健身球运动

运动是准妈妈必不可少的项目，但有些准妈妈不爱出去运动。这时，可以买一个健身球在室内做些简单的健身运动。

◎**站着与球做运动**：做这套运动关键是要令健身球保持稳定，这样准妈妈不仅要用腰部力量来维持平衡，腿部也会得到锻炼。具体步骤是：准妈妈自然站立，双手叉腰，将健身球放在准妈妈的腰背部，然后顶住墙，保持球体不下滑（图①）。准妈妈双腿微微向前弯曲，做下蹲动作，再站直，如此反复（图②）。

◎**坐着与球做运动**：这套运动可提高准妈妈的身体平衡能力，缓解盆底疼痛。假性宫缩时做此运动比一直躺在床上舒服。具体步骤是：准妈妈慢慢地坐在健身球上（准爸爸可以在后面扶住准妈妈），坐稳后挺直腰部，随着球有节律地左右摇摆（图③）。

◎**蹲着与球做运动**：通过锻炼臀肌和下肢肌肉的力量，对准妈妈分娩时用力是一个很好的锻炼方式，有利于激发准妈妈的分娩，从而缩短产程。具体步骤是：健身球放置在墙边，准妈妈紧紧靠在健身球上，两腿分开，臀部抬起，双手放在腹部（图④）。保持住重心，双腿左右摇摆，坚持2~3分钟为宜（图⑤）。

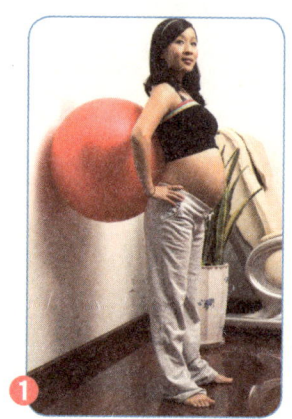
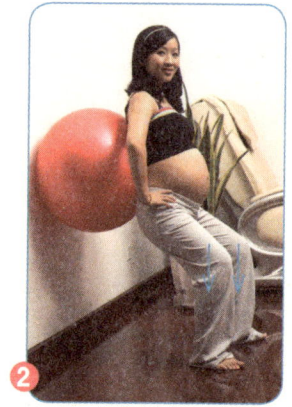
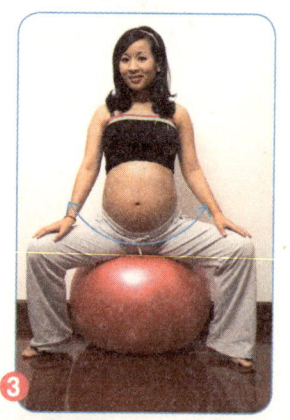
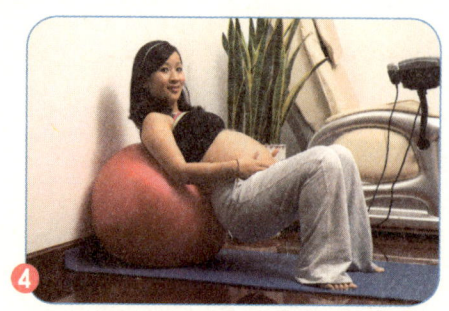

踏入充满想象的文学殿堂

本月，准妈妈可以为胎宝宝念念小诗、读读散文、讲讲童话故事，有利于减轻因临近分娩而造成的紧张、恐惧等情绪。下面，我们就节选朱自清的散文《春》给准妈妈与胎宝宝赏析。

盼望着，盼望着，东风来了，春天的脚步近了。

一切都像刚睡醒的样子，欣欣然张开了眼。山朗润起来了，水涨起来了，太阳的脸红起来了。

小草偷偷地从土地里钻出来，嫩嫩的，绿绿的。园子里，田野里，瞧去，一大片一大片满是的。坐着，躺着，打两个滚，踢几脚球，赛几趟跑，捉几回迷藏。风轻悄悄的，草软绵绵的。

桃树，杏树，梨树，你不让我，我不让你，都开满了花赶趟儿。红的像火，粉的像霞，白的像雪。花里带着甜味；闭了眼，树上仿佛已经满是桃儿，杏儿，梨儿。花下成千成百的蜜蜂嗡嗡地闹着，大小的蝴蝶飞来飞去。野花遍地是：杂样儿，有名字的，没名字的，散在草丛里像眼睛，像星星，还眨呀眨的。

"吹面不寒杨柳风"，不错的，像母亲的手抚摸着你，风里带着些新翻的泥土的气息，混着青草味儿，还有各种花的香，都在微微润湿的空气里酝酿。鸟儿将巢安在繁花嫩叶当中，高兴起来了，呼朋引伴地卖弄清脆的歌喉，唱出婉转的曲子，跟清风流水应和着。牛背上牧童的短笛，这时候也成天嘹亮地响着。

雨是最寻常的，一下就是三两天。可别恼，看，像牛毛，像花针，像细丝，密密地斜织着，人家屋顶上全笼着一层薄烟。树叶儿却绿得发亮，小草儿也青得逼你的眼。傍晚时候，上灯了，一点点黄晕的光，烘托出一片安静而和平的夜。在乡下，小路上，石桥边，有撑起伞慢慢走着的人；还有地里工作的农夫，披着蓑，戴着笠。他们的草屋，稀稀疏疏的，在雨里静默着。

天上的风筝渐渐多了，地上的孩子也多了。城里乡下，家家户户，老老小小，也赶趟儿似的，一个个都出来了。舒活舒活筋骨，抖擞抖擞精神，各做各的一份事儿去。"一年之计在于春"，刚起头儿，有的是功夫，有的是希望。

春天像刚落地的娃娃，从头到脚都是新的，它生长着。

春天像小姑娘，花枝招展的，笑着走着。

春天像健壮的青年，有铁一般的胳膊和腰脚，领着我们上前去。

小提示：准妈妈读完这篇散文，在春天清新、新鲜的空气中心情也跟着明朗和恬淡起来，心里难免像盼望春天一样盼望着宝宝降临的那一天！

特别推荐：著名的拉梅兹呼吸法

拉梅兹呼吸法是一种以胸式呼吸为基础来促进分娩的方法之一，根据呼吸的频率和深浅，主要可以分为4种呼吸法：

◎**潜伏期呼吸法**：当子宫开始有规律的收缩并伴随腹部出现规律性的阵痛时，准妈妈就进入了潜伏期呼吸法阶段，即第一产程。这个时候，一旦腹部开始阵痛，准妈妈就要开始做一次深呼吸，以胸式呼吸为基础，吸气和呼气的时间保持相同，每分钟吸气和呼气各12次左右，吸气时要用鼻子深深地吸一口气，将气体吸到胸腔里，呼气时要由嘴慢慢地把气吐出去。慢慢地，阵痛会暂时缓解。

◎**活跃期呼吸法**：当子宫口张开达到6～8厘米时，准妈妈应立即采取呼吸浅而频率快的胸式呼吸。准妈妈取仰卧位，双手平放于身体两侧，吸气与呼气量保持相同，进行短促的胸式呼吸，但要比正常呼吸次数快，大约每隔2秒钟呼吸1次，前一秒用鼻子吸气，后一秒用嘴呼气。

◎**用力期呼吸法**：子宫口不断张开，达到完全张开状态时，即可用力呼吸。准妈妈可以将两腿张开，双手放在同侧膝窝下，先深深吸口气然后憋住呼吸，模仿排便动作往下用力，过了15～20秒，在憋不住呼吸时用力呼气。在每一次阵痛时，重复3次左右这样的呼吸。

◎**松力期呼吸法**：当宝宝开始从阴道口露出头部后，立即停止腹部用力，改用张大口向外呼气，并进行快速地呼气，同时使身体放松。

拉梅兹呼吸法对准妈妈的顺利、轻松分娩有很大的帮助，如果能配合拉梅兹助产体操和放松法等一起练习，收益会更大。

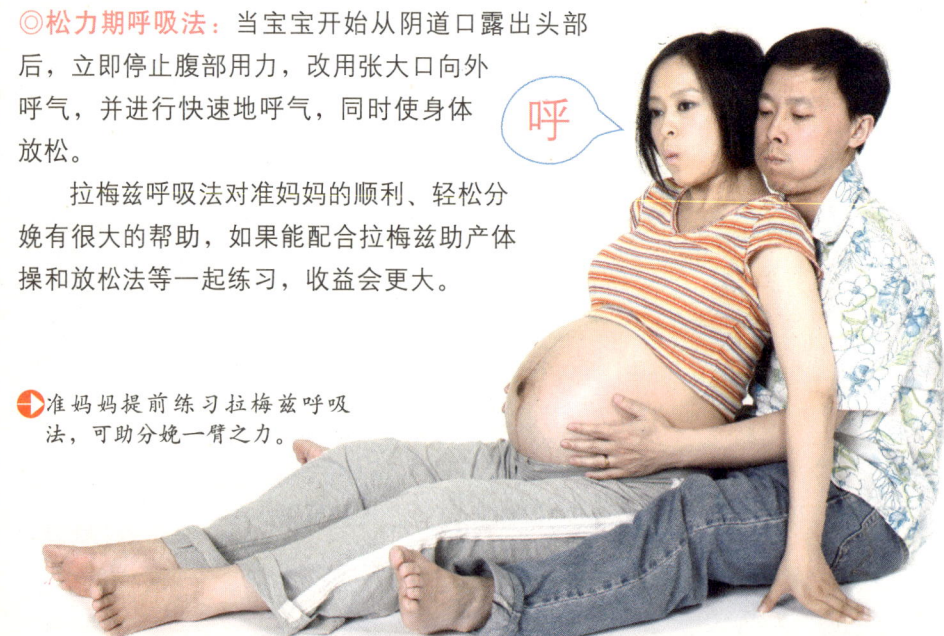

➡ 准妈妈提前练习拉梅兹呼吸法，可助分娩一臂之力。

80后准爸爸的胎教帮帮忙：做好妻子的产前护卫

■ 提醒妻子胎教别太"激进"

准爸爸也许已经发现，妻子进入孕9月后胎教进行得格外"激进"，但这样很有可能会影响胎宝宝的健康，这时准爸爸就要马上站出来给妻子的热情"降降温"。

准爸爸可以在吃晚饭或与妻子聊天的时候，和妻子谈谈过激胎教的危害。准爸爸可以说："有的准妈妈在进行音乐胎教时，长时间戴着耳机听音乐，让肚子里的小宝宝烦躁不安，以致宝宝出生后变得十分神经质。"准爸爸也可以对妻子说："有些准妈妈常常给胎宝宝进行抚摸胎教，由于用力过大，结果导致分娩提前，胎宝宝没有足月就出生了。"

除此之外，准爸爸还可以举个正面的例子，如"在抚摸小宝宝的时候，咱们按照科学的胎教方法长期坚持下来了，到现在我们每次与他沟通时他都会积极地回应我们。如果我们总是抚摸小宝宝，不让他好好休息，咱们的小宝宝也会对爸爸妈妈有怨言的。"

■ 帮妻子疏导产前抑郁症

产前抑郁是大多数准妈妈在孕晚期出现的一种情绪障碍，常会使准妈妈对未来有一种不祥的预感，影响人的理智活动。一般情况下，对于第一次分娩的准妈妈来说，因为缺乏有关分娩的经验，耳濡目染了一些分娩的痛苦经历，不免使自己对分娩充满了恐惧和焦虑。另外，产前身体出现不适，如水肿、腹痛等，也会造成产前抑郁。

若准爸爸发现妻子已经产生了产前抑郁症状，可以带着妻子多参加一些有利于培养积极向上心理的健康活动，以转移和分散妻子的注意力；也可以带妻子参加一些社团活动或专业讲座，让妻子和一些准妈妈或已经为人母的女性同胞交流，以排解产前抑郁；还可以和妻子一起学习相关的分娩常识，以便消除妻子对分娩的恐惧和焦虑。

➡ 虽然产前抑郁是很多准妈妈容易出现的一种情绪障碍，但只要准妈妈善于排解和疏导，还是可以避免的。

本月辅助性胎教连连看

■营养胎教：补充维生素K

维生素K有"止血功臣"的美称，经肠道吸收，在肝脏内能产生凝血酶原以及一些凝血因子。在孕晚期，准妈妈应注意多食用富含维生素K的食物，以预防产后新生宝宝因缺乏维生素K而引起内出血、消化道出血等症状。预产期前1个月左右的准妈妈更应注意每天多摄入些富含维生素K的食物，如菜花、白菜等。下面这道小炒圆白菜就非常适合孕9月的准妈妈食用。

小炒圆白菜

材料： 圆白菜半棵，西红柿2个，豆腐干5片，火腿1片，葱段、姜末各1小匙。

调料： 酱油1大匙，盐、白糖各半小匙。

做法：

❶ 圆白菜摘成片，洗净后沥干，再用手撕成小块；西红柿洗净后切块；火腿切丁，豆腐干切块。

❷ 锅中加入油，待油烧至七成热时放入葱段、姜末爆香，再放入豆腐干块进行翻炒。

❸ 将豆腐干炒至膨松后，放入圆白菜块，炒至圆白菜稍软后加入盐、白糖调味。

❹ 倒入西红柿块、火腿丁，翻炒至西红柿稍出汤，出锅前淋入酱油炒匀。

■知识胎教：教胎宝宝学习简单算术

准妈妈可以将算术作为胎教的一个内容，并通过发挥想象力来教胎宝宝学算术，这样不仅能提升胎宝宝的想象力，而且还能增加胎教的效果，同时也可以锻炼准妈妈的思考力和想象力，增加胎教的趣味性。

准妈妈可以准备彩色的笔和纸，教胎宝宝进行加减法运算，像1＋2=3、3－2=1、3－1=2等。为了不让胎宝宝产生混淆，最好每个数字都用不同颜色，一张图画纸只写一个算术公式。

给胎教效果加分的生活细节

■ 警惕胎盘前置

胎盘前置一般可以分为以下三类：完全性胎盘前置，此时宫颈内口全部为胎盘组织所覆盖；部分性胎盘前置，宫颈内口部分为胎盘组织所覆盖；边缘性胎盘前置，胎盘边缘附着于子宫下段，不超越宫颈内口。胎盘前置主要是由多次人工流产等造成的。另外，当受精卵植入受损的子宫内膜后血液供应不足，胚胎为了摄取足够的营养，会逐渐下移，也会形成前置胎盘。

胎盘前置大多发生于孕晚期，容易引起早产、死胎。因此，准妈妈在发现胎盘前置时要提高警惕，可以定期观察胎盘的位置变化，注意不要剧烈活动。如果怀孕28周后检查仍为胎盘前置就要警惕了，一旦出现阴道出血，要立即就医诊治。

■ 布置婴儿房

婴儿房是小宝宝的第一个"安乐窝"，是一家人开始享受温馨与惬意的小天地，这需要准妈妈和准爸爸用心去打造。

◎婴儿房应该坐落在空气新鲜、阳光充足、温度和湿度适宜的位置；婴儿房内的家具要坚固且不易被碰碎，以圆弧或圆角最佳。

◎准妈妈和准爸爸在选择婴儿床时，可以先摇动或移动床具，太摇晃的床具容易发出噪声，不适合小宝宝使用；检查所有的螺丝是否都拧紧了，以保证小宝宝的安全等。

◎购买床上用品的时候，要选择纯棉、透气性好的面料；还应留意所有的床上用品是否脱线、开口；床垫和垫褥都应软硬适中，以免影响小宝宝的脊柱和骨骼发育。

■ 添置婴儿用品

准妈妈和准爸爸在购买宝宝衣物时一定要仔细地挑选和对比，尽量给宝宝带来温馨又舒适的关爱。

◎刚出生的宝宝只能穿婴儿服装中的最小号。若宝宝比较大，则可以考虑给宝宝准备大一号的衣物。

◎准妈妈若想给宝宝购买一件式的连身衣物，最好挑选从领口到胯部有一排粘连扣的设计，且应买大一码。

 孕晚期准妈妈为即将出生的宝宝添置衣服，可以大大地缓解准妈妈在分娩之前的焦虑感。

孕10月（37~40周）
静心等待，迎接宝宝的到来

准妈妈与胎宝宝情况实录

让我轻轻地告诉你：

宝宝，从这个月起妈妈越来越紧张了，还有点小焦虑，既想早点见到你，又害怕分娩时的疼痛，妈妈是不是有点胆小啊？宝宝可不准笑话妈妈哦！不过，妈妈还是很坚强的，只要你能顺利地降生，那点疼痛也不算什么，妈妈一定会努力的，宝宝也要和妈妈一起加油哦！

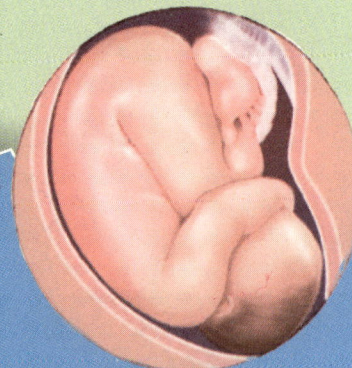

♥ 准妈妈的小小变化

胎宝宝的位置下降：

由于胎宝宝的先露部开始下降至准妈妈的骨盆入口处，准妈妈对胎宝宝活动的次数及强度感觉不如以前明显。因胎宝宝位置的降低，胸部下方和上腹部变得轻松起来，对胃的压迫变小了，胃口也好了起来。

腹部收缩疼痛：

随着预产期的临近，准妈妈时常感到腹部收缩疼痛，有时，甚至会认为阵痛已经开始。其实这时的疼痛并不是阵痛，而是身体准备适应生产时的阵痛而出现的正常现象。

阴道变化：

阴道及子宫柔软，阴道分泌物增多。

★ 胎宝宝的小小变化

外形特征：

胎宝宝身长48～52厘米，体重达2600～3800克，全身都有皮下脂肪，形成圆滚滚的可爱体型。

皮肤变化：

覆盖在胎宝宝身上的胎脂脱离，胎毛也逐渐消失，已经拥有美丽的玫瑰色肌肤。

组织发育：

肌肉有力；骨骼强韧；指甲过指端；女宝宝乳房部能触及乳腺组织结节，乳头突出，乳晕明显；男宝宝睾丸已经下降至阴囊，阴囊皮肤形成褶皱；女宝宝大阴唇覆盖小阴唇。

出生准备：

胎宝宝头部开始或已经进入了准妈妈的骨盆入口或骨盆中，周围有骨架保护，这样也腾出了更多的地方长小胳膊、小腿和小屁股。

80后准妈妈的本月胎教主题：稳定情绪，耐心等待宝宝的降生

在安静的环境下进行胎教，对于胎宝宝而言也是一种不错的方式，可有效地使胎宝宝安静下来，并对胎宝宝的情商和智商起到积极的促进作用。

■写日记，静静等待宝宝出生的那一天

这个月面临分娩前的恐惧和焦虑心理，准妈妈应该在平心静气的状态下写写日记。在宁静悠然的心境下，准妈妈更容易沉浸在回忆中，更易调动自己的思维和思绪，写出温馨动人的日记来。作为准妈妈，你可能每天都在写胎教日记，但今天静下心来写一篇日记，或者几行短短的却含义丰富的小诗，就可以让诗情画意充满心间。当手中的笔在欢快地流淌着你的心曲时，准妈妈的心情也会随之豁然开朗，腹中的胎宝宝在这种氛围里，怎么能不开心快乐呢？

■了解分娩征兆，稳定情绪

真正到了分娩的时候会出现一系列征兆性的反应，准妈妈可根据这些分娩先兆留心观察自己是否出现，根本无须担忧和不安。

◎**宫底高度下降**：临近分娩，准妈妈的子宫口和产道开始变软，子宫开始不断下移，胎宝宝逐渐下滑，一直滑向骨盆。因此，当预产期逼近的时候，准妈妈的宫底高度会一天天开始呈下降趋势。

◎**胎动减少**：胎宝宝已经逐渐移到骨盆处，受所处位置的限制，其活动范围变小，活

➡临近分娩，准妈妈千万不要太焦虑，可以通过写写日记的方式来安心等待宝宝的到来。

动能力受限，加上子宫在不断地收缩，胎宝宝更加难以活动。这个时候的胎宝宝活动会变得越来越少，1小时最多也只能活动3次左右。需要提醒准妈妈：次数变少绝对不代表胎动消失了。

◎**出现不规律宫缩**：胎宝宝滑到骨盆后，准妈妈会因为子宫收缩得厉害而出现腹部无规律的阵痛或发紧、变硬的疼痛。这种现象被称为"假宫缩"，很没有规律，与真正的分娩前的规律性宫缩是不一样的，准妈妈需注意区分。

◎**腹部变得轻松**：因为准妈妈的宫底高度下降了，原本因子宫顶着的胃和横膈膜的位置也相应下降了不少，使得腹腔空间增大，准妈妈瞬时感到腹部变得轻松了很多，连呼吸都变得畅快了。因为胃部获得了释放，缓解了许多因为胃部压迫引起的不适，胃口也变得好起来了。

■ 与胎宝宝一起学习简易图形，让自己静下心

这时候，准妈妈可以画一些简易的图形。教胎宝宝学习认识图形的时候最好以卡片上描绘的图形为基础，将其视觉化后再传递给胎宝宝。这样可以把学习内容与生活紧密地联系在一起，有利于激发胎宝宝的记忆潜能，而且对他出生后的学习也是很有利的。

如学习正方形时，准妈妈如果说："这个图形是由四条直线组成的。"这种生硬的说法根本无法引起胎宝宝的兴趣，正确的方法是要找出身边真正是正方形的实物来进行讲解。

准妈妈可以这样做："和卡片上的图形一样的东西哪里有呀？"先提出问题，然后和胎宝宝一起寻找答案，"有了，我们家的坐垫和桌子都是正方形的。"这时就可以把这些东西一个个拿在手里，一边讲"这是正方形"，一边向胎宝宝描述自己手里的东西，用这种方法进行胎教会更容易引起胎宝宝的兴趣。

⬇ 准妈妈可以在画板上将一些简易的图形画出来，与胎宝宝一起学习。

特别推荐：了解分娩常识

分娩主要分为三个阶段（又称为三个产程），准妈妈临产前有必要充分了解分娩中各个产程的特点，以使自己在分娩前积极地做好心理准备，在分娩时可以充满信心，积极主动地与医护人员配合。

■ 第一产程：宫口扩张期

第一产程为宫口扩张期，是指从产妇出现规律性的子宫收缩开始，到宫口开大10厘米为止。这一阶段的时间很长，一般初产妇需要8～12小时，经产妇需要6～8小时，宫口扩张的速度不会很均匀。刚开始宫口扩张的比较缓慢，随着产程的推进，子宫收缩会越来越频繁，越来越强烈，宫口扩张的速度也会加快。此时，准妈妈应正确认识这一现象，在宫缩疼痛时想想这是胎宝宝向目的地前进呢，准妈妈就会觉得这种疼痛与即将见到胎宝宝时的喜悦相比，便微不足道了。

■ 第二产程：胎宝宝娩出期

第二产程为胎宝宝娩出期，是指从宫口开全到胎宝宝娩出为止。这一阶段初产妇需1～2小时，经产妇1小时以内。此时，产妇会感觉宫缩痛减轻，但在宫缩时会有不由自主的排便感，这是胎头压迫直肠引起的。此时，准妈妈应学会在宫缩时屏气用力，调动腹直肌和肛提肌的力量帮助胎宝宝顺利娩出。当宫缩间歇时停止用力，抓紧休息，储存体力。当胎头即将娩出时要张嘴哈气，避免猛劲使胎头娩出过快，造成会阴撕裂。

■ 第三产程：胎盘娩出期

第三产程为胎盘娩出期，是指从胎宝宝娩出到胎盘娩出的过程，一般在10～20分钟，胎宝宝娩出后不久，随着轻微的疼痛胎盘剥离排出。胎盘排出后，要检查产道有无裂伤并缝合伤口。

➡ 分娩前准妈妈与医护人员的积极配合，宝宝可顺利产出。

80后准爸爸的胎教帮帮忙：与妻子一起面对最后的分娩

■为妻子分娩准备好待产包

小宝宝就要出生了，准妈妈和准爸爸的心情也会变得越来越激动和紧张。在感受激动和紧张的情绪之余，准爸爸不妨提前准备好待产包，以做到有备无患。待产包是为妻子临产时方便随时收集所需物品的包，所以里面装的东西都是一些必需品，不仅要有妻子的日用品，还要有即将出生的宝宝的日常用品。

■和妻子一起了解分娩方式

临近预产期，是坚持自然分娩还是选择剖宫产，一直是困扰准妈妈和准爸爸的一大难题。事实上，哪一种分娩方式适合准妈妈，要看准妈妈自己的身体状况。

分娩方式	含义	优点	缺点
自然分娩	胎宝宝从准妈妈的阴道分娩出来的过程。	◎在分娩过程中，子宫有规律地收缩，这一过程能锻炼胎宝宝的心肺功能。 ◎胎宝宝通过阴道娩出时，其头部受到挤压，这一过程能提高其脑部机能。 ◎妈妈在生胎宝宝的时候，会输送特殊的免疫物质给胎宝宝，它能让胎宝宝更强壮。	◎会发生急产（产程不到2小时），尤其是经产妇及子宫颈松弛的准妈妈。 ◎胎宝宝难产或母体精力耗尽，需以产钳或真空吸引，协助生产时，会引起胎宝宝头部肿大。 ◎产后可能因子宫收缩不好而出血。
剖宫产	医生采取剖开腹壁及子宫的手术方法，然后从母体中取出胎宝宝的过程。	◎由于某种原因，绝对不可能从阴道分娩时，施行剖宫产可以挽救母婴的生命。 ◎选择性剖宫产，于宫缩开始前就已施行手术，可以免去母亲遭受阵痛之苦。 ◎对已有不宜保留子宫的情况，如子宫破裂等，亦可同时切除子宫。	◎剖宫手术后子宫及全身的恢复比自然分娩慢。 ◎手术时发生大出血及副损伤，损伤腹内其他器官。 ◎术后有可能发生子宫切口愈合不良、晚期产后流血、腹壁窦道形成、切口长期不愈合、肠粘连或子宫内膜异位症等。

本月辅助性胎教连连看

■ 运动胎教：促进分娩的体操

为迎接分娩那一刻的到来，准妈妈要做好充足的准备。本月准妈妈不妨在准爸爸的陪同下，练习一下促进分娩的夫妻操，不仅可调节准妈妈的情绪，而且对增强体力和加快分娩速度也非常有帮助。其具体操作步骤如下：

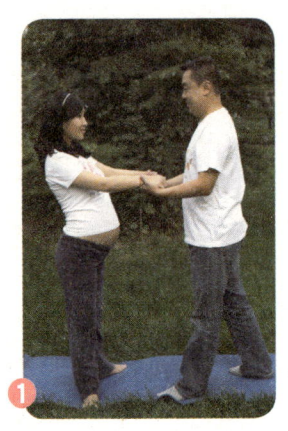

1. 准爸爸与准妈妈相对站立，准妈妈的双腿左右分开，与肩同宽，腰背挺直，目视准爸爸，准爸爸向前迈一步，两脚呈前后交叉的姿势，两人手相握（图①）。

2. 准爸爸挺直脊柱，准妈妈慢慢下蹲，并用力收缩骨盆底肌肉（图②）。

3. 准妈妈取跪坐的姿势，双手自然地放在同侧大腿上，腰背部挺直，目视前方；准爸爸取跪姿，双脚脚尖点地，双手牢牢地扶住准妈妈的骨盆处，轻轻做按压动作（图③）。

4. 保持动作3不变，准妈妈双手上举，感觉两肋部的牵拉感（图④）。

给胎教效果加分的生活细节

■ 选择合适的生产医院

准妈妈在寻找合适的生产医院时，一般都会出于自己的考虑比较各个生产医院的生产方式、设备、费用等问题。准妈妈可以结合自己的大致需求，向朋友或是医生打听或收集这些信息，为自己找到一家合适的生产医院。

医院类型	优点	缺点
综合医院	各种科别齐全，便于原本就有疾病、有生产风险的准妈妈生产。	每次门诊产检时的医护人员和住院时的医护人员不同，准妈妈会感觉繁琐和劳累。
大学附属医院	拥有最先进的技术和设备，可以做高难度的医疗。	产检时医生会经常更换，这样会让准妈妈感觉不适。
私人医院	生产设备比较齐全，并且经营方针明确，而且准妈妈很容易与医生建立相互信赖的关系。	生产的紧急状况或和儿科间的合作会诊应对不足；而且按诊所及其设备或服务的不同，费用方面会有相当大的差异。

■ 分娩用力技巧，为分娩加油

分娩的痛苦并不是真正意义上的困难，往往只需要掌握一点小小的用力技巧，分娩的痛苦便会减轻不少。

◎**打开双腿**：准妈妈分娩时的正确姿势应该是双腿尽量打开，而双膝尽量朝外曲张，以便腹部用力，使产道打开而变得宽一点。

◎**拉扶手**：当准妈妈腹部用力时，其胳膊肘会自然地弯曲，而双腿就会拼命地向前做蹬踏动作。因此，准妈妈最好紧紧地抓住分娩台上的扶手，尽量往自己的身边使劲地拉扯。

◎**后背和腰紧贴分娩台**：正确的分娩姿势应该是后背和腰部紧紧地贴在分娩台上，而不是与分娩台分离而高高地翘起。

◎**向肛门方向发力**：准妈妈若想让全部的力量都集中在子宫和产道等利于宝宝生产的部位，就必须将所有的力气用于肛门方向，并要避免手脚过分地用力。

专题 1　宝宝出生后，胎教效果巩固进行时

胎教为早教奠定了坚实的基础

胎教是最早的教育，是早教的序曲和基础，早教则是胎教的延续和发展。二者有机地结合，才能为培养健康聪明的宝宝打下坚实的基础。如果你的宝宝刚出生就对音乐和自己的名字有反应，8个多月时就喜欢看书……这些都是胎教和早教所发挥的显著效果。

整个孕期妈妈所做的胎教内容和时间都应该具备一定的规律性，每天要在固定的时间里给胎宝宝听听音乐、读读小诗、讲讲故事。准爸爸也要积极地参与其中，每天抽出一定时间和素未谋面的胎宝宝说说话，并且要经常亲切地呼唤宝宝的小乳名。久而久之，胎宝宝会熟悉准妈妈和准爸爸的声音，也会习惯自己的名字，并会跟着音乐"翩翩起舞"，甚至当胎宝宝在准妈妈腹中乱蹬乱踢的时候，只要准爸爸抚慰一下，胎宝宝很可能会放缓动作，逐渐安静下来。

宝宝出生后对这一切也不会感到陌生，在他之后的说话、阅读、认字方面也会表现出与常人非同一般的能力。比如，宝宝开始说话的时间最快也要1岁左右，而进行过良好胎教训练的宝宝在出生后较短时间就开始说话了。又比如，宝宝出生后教他数数，如果你把曾用于胎教的实物再次摆在宝宝面前，他可能会调动之前学过的信息，然后将这些信息及时地反馈至大脑，就会做出令你吃惊的反应……这些其实都是胎教为早教奠定基础的结果。

↑胎教是早教的基础，出生后的宝宝会更加健康、聪明。

做好早教,延伸胎教效果

就人类的大脑发育过程而言,人的脑细胞主要在胚胎期形成,从怀孕第4个月开始一直到宝宝4周岁这一时期为脑细胞成长、发育、分化、髓鞘化的过程,故这一时期为大脑可塑性的最佳时期,为大脑的快速发育期。正因为如此,这一阶段的教育就显得极为重要,不仅可以为宝宝增长知识,还可以促进其大脑发育,可为日后的教育奠定良好的基石。宝宝出生以后的最初这段时间的教育重点最好还是对胎教内容的简单重复,具体教育内容如下:

◎**讲讲以前读过的故事**:胎儿期给胎宝宝读过的故事,在宝宝出生以后也要如数家珍般地再给宝宝讲讲,仔细观察宝宝会不会露出满意的表情,这对促进宝宝语言能力的发育也有积极意义。

◎**常放胎教音乐**:理论上说,胎教音乐可以一直伴随宝宝的整个童年,那些美妙的旋律早在胎儿期就已经在胎宝宝的脑海中根深蒂固,宝宝出生以后再加以强化,则可持续提升宝宝的智力,并有利于加强宝宝的修养。

◎**重新探寻胎儿期所"见"**:妊娠期间给胎宝宝描述的一些物品,包括窗外、路过的大千世界,宝宝出生后也可以不厌其烦地指给宝宝看,并一一给出详细的讲解,相信这些所见所闻宝宝都会更加容易接受的。

宝宝出生以后的教育远不止这些,教育孩子就是一项事业,需要我们花费大量的心血,并且要用心去做,努力为宝宝未来的发展铺好基石。

快乐孕期快乐胎教

如果准爸爸、准妈妈不知和胎宝宝说些什么好,不妨和胎宝宝说说这些日常用语吧,对胎宝宝语言能力的发展大有益处。

◎**简单用语**:"宝宝"、"你好"、"早安"、"再见"、"你早,小宝宝"等。

◎**复杂用语**:起床时,"早上好!可爱的小宝贝"等;早上打开窗户时,"太阳升起来了";吃饭时,"小宝宝,吃饭喽,妈妈做了好多好多好吃的东西"等;开门回家时,"我们回家啦,小宝贝"等;下班时,"乖乖,爸爸回来了"等。

◎**情节用语**:"小宝宝,现在是早晨,天气晴朗,一会儿爸爸去上班了,你跟着妈妈要听话,下班爸爸再给你讲故事。""今天是星期天,是休息日,爸爸妈妈带你去公园,呼吸新鲜空气,看看绿绿的草地、红红的花朵,好吗?""宝宝,爸妈喜欢你,赶快睡觉吧!"

专题 2　10月孕期，胎教方案随手查

孕期	准妈妈生活备忘录	准爸爸的胎教参与	职场准妈妈的胎教方案	营养胎教点拨
孕1月	◎确认排卵期和末次月经日。 ◎当知道自己怀孕时要以愉悦的心情准备胎教。 ◎孕早期不宜进行性生活。	◎和准妈妈一起制订胎教计划。 ◎和准妈妈一起进行胎教。	◎丈夫和准妈妈都工作的话就要做好详细的胎教计划和育婴计划。 ◎也可以请家里的人来帮忙。	◎饮食以天然食品为主。 ◎充分摄取富含叶酸及微量元素的食物。
孕2月	◎开始寻找做产检的医院。 ◎注意预防流行性感冒和其他疾病。 ◎积极地应对孕吐反应。 ◎把宠物送到朋友家寄养。	◎凡事以准妈妈的健康需要为前提条件。 ◎想办法让准妈妈保持愉快的心情来面对孕吐。 ◎帮准妈妈进行营养调配。	◎将自己怀孕的事情告诉公司的同事，可以请同事帮自己做一些目前力不能及的事情。 ◎工作1小时就要站起来活动一下。 ◎多开窗通通风。	◎多吃富含卵磷脂的食物。 ◎注意均衡饮食，补充营养。 ◎孕吐严重时要少食多餐。 ◎忌偏食，避免营养不良。
孕3月	◎监控体重。 ◎不宜拿过重的东西，可以让准爸爸帮忙。 ◎不要久站立。 ◎警惕阴道出血。 ◎身体允许时可以做一些孕期体操。 ◎采购孕妇装。	◎常与准妈妈进行交流，尤其要多关心、安慰准妈妈。 ◎减少应酬，并尽量早点回家。	◎要穿一些低跟鞋和舒适的衣服，不要穿紧身的套装和高跟鞋。 ◎在公司，中午也可以午睡一会儿，在休息或空闲时间把腿抬高一点。	◎出现便秘、腹泻时，最好用饮食的疗法来进行治疗。 ◎多食用一些富含DHA、牛磺酸等有助于胎宝宝脑部发育的食物。

(续表)

孕期	准妈妈生活备忘录	准爸爸的胎教参与	职场准妈妈的胎教方案	营养胎教点拨
孕4月	◎高度重视孕期的便秘、尿痛、贫血。 ◎禁止暴饮暴食。 ◎利用体操和呼吸法促进胎宝宝脑部发育。 ◎每天用温水洗澡，以促进血液循环。 ◎孕中期可以适当进行性生活。	◎夫妻之间有争执时，要体谅和包容准妈妈。 ◎可以根据准妈妈的性格来帮忙选择适合的胎教音乐。	根据自己的身体情况和胎宝宝的发育情况来考虑是继续工作还是在家养胎、保胎。	◎多补充铁质。 ◎准妈妈不要偏食、挑食。 ◎有些食物准妈妈要少吃。 ◎饮食要清淡。
孕5月	◎做一些轻柔的乳头按摩。 ◎多去花草树木较多的公园，多呼吸清新空气。 ◎发现有胎动时，要积极地与胎宝宝进行交流。 ◎在医生的指导下游泳。	◎尽量让准妈妈多休息，避免过度的劳累。 ◎开车送准妈妈外出，最好不要让准妈妈自己开车出门。 ◎帮准妈妈测量宫底高度。	◎请有抽烟习惯的男同事不要在办公室里吸烟。 ◎在工作的时候尽量不要让自己感到疲劳。	◎准妈妈可以多喝一些牛奶。 ◎多吃一些含铁的食物。 ◎注意水果和蔬菜的摄取量。 ◎不能用果汁代替水果。
孕6月	◎不要过度疲劳。 ◎可以开始购买婴儿用品了。 ◎多与分娩过的妈妈进行交流。 ◎根据乳房的变化购买合适的乳罩。 ◎不能烫发。 ◎可以进行旅行。	◎陪伴准妈妈做孕期体操，以更好地保护准妈妈的安全。 ◎让准妈妈的生活更有情趣。 ◎胎动出现时与胎宝宝说话。	◎在工作的同时也能进行胎教，以愉悦的心情工作。 ◎应该避免办公室的空调直接对着自己吹。 ◎做好保暖工作，避免下半身着凉。	◎继续增加钙质的摄取。 ◎为胎宝宝的牙齿发育准备充足的养分。 ◎吃点瓜子也可补充营养。 ◎少吃零食。

(续表)

孕期	准妈妈生活备忘录	准爸爸的胎教参与	职场准妈妈的胎教方案	营养胎教点拨
孕7月	◎定期进行产检。 ◎注意身体清洁。 ◎积极应对会出现便秘、痔疮、腰酸脚痛等症状。 ◎生活要有规律。 ◎想象宝宝可爱的样子,去除杂念。	◎以喜悦的心情期待和迎接宝宝的出生。 ◎通过按摩来舒缓准妈妈的紧张情绪。	◎工作中需要长时间站立的话,最好暂停工作。 ◎在公司出现尿痛或疲劳时,可做一些体操来舒缓。 ◎避免在高峰时刻上下班。	◎准妈妈可多吃些杨桃。 ◎补钙也要适可而止。 ◎注意营养搭配。 ◎少吃热性香料。
孕8月	◎避免跌倒碰撞。 ◎走路时腰部不要往后弯曲。 ◎适当地运动,多休息。 ◎孕晚期应禁止性生活。	◎与准妈妈一起进行抚摸胎教。 ◎为准妈妈打造一个良好的睡眠环境,保证准妈妈的睡眠质量。	◎上班也要抽出时间进行定期检查。 ◎不能因为工作就伤害到胎宝宝。 ◎应该开始考虑产假问题。	◎补充维生素要有讲究。 ◎准妈妈要控制饮食的量。
孕9月	◎注意皮肤护理。 ◎做一些适合的按摩,防止腿部抽筋。 ◎可以为宝宝准备小房间,并做好分娩和住院准备。	◎为了准妈妈的健康,要及时清理和消毒家里的电话。 ◎要给准妈妈心理上的支持。	◎准备休产假。 ◎把自己的工作处理完。 ◎做好工作交接。	根据孕晚期的特点调整饮食,注意均衡合理。
孕10月	◎了解分娩过程。 ◎不要单独外出,住院之前洗个澡。 ◎不要太急着等待生产。 ◎以10分钟间隔,呈规律性的阵痛时应及时去医院。	◎和准妈妈一起学习分娩知识。 ◎开始练习如何给宝宝换尿布。 ◎应对准妈妈突如其来的分娩。	这个月务必要结束工作,开始休产假,并准备分娩事宜。	◎一日三餐的安排要合理。 ◎不能减少主食的摄入量。

第4章
80后小夫妻培养宝宝5Q的胎教专栏

> 80后小夫妻要记得哦,注重胎教不仅是为了培养胎宝宝,更是培养准爸爸和准妈妈,在提升自己修养的同时,也能对胎宝宝产生潜移默化的影响。这就是所谓的"大胎教观"。这一章,我们从IQ、EQ、MQ等5Q方面来学习一下吧!

提高IQ（智商）·综合胎教很关键

IQ即智商，智商就是智力商数。智力通常叫智慧，也叫智能，是人们认识客观事物并运用知识解决实际问题的能力。智力包括多个方面，如观察力、记忆力、想象力、分析判断能力、思维能力、应变能力等。孕期，准妈妈注重均衡营养及各种胎教的综合，有利于胎宝宝的大脑的发育，提升智力。

营养全面均衡，助胎宝宝智力发育

孕早、中期的饮食调理

营养胎教是根据孕期胎宝宝早、中、晚不同时期的发育状况合理指导准妈妈摄取营养，孕早期准妈妈由于孕吐反应严重，往往不喜欢吃东西，所以营养物质摄取不足，但是为了胎宝宝的健康一定要多吃水果、蔬菜及鱼、肉、蛋等。还要做到不偏食、不挑食；酸、甜、苦、辣、咸不要过分，要清淡饮食；少吃多餐，并要选择易消化的食物。孕中期是准妈妈和胎宝宝的"蜜月期"，此时应多吃鸡蛋、牛奶、牛肉、猪肉、菠菜、芦笋、莴笋、红枣、红糖、玉米、燕麦、白菜、西蓝花、菜花等。忌吃霉变、过咸、过甜、过于油腻的食物及浓茶、咖啡、烈酒、辛辣的调味品等。

■山药

由于山药中淀粉含量丰富，而淀粉正是胎宝宝所需的营养之一，准妈妈常吃山药对胎宝宝的大脑发育非常有益。

菊香山药炖排骨

材料：山药200克，排骨150克，枸杞子20克，菊花18朵。

调料：醪糟少许，盐1/3小匙。

做法：❶排骨剁成小块，放入沸水中快速汆烫，去除血水，备用。

❷山药去皮，切小块；菊花洗净。

❸锅中加入适量清水放入排骨块、山药块炖煮约1小时后再放入菊花朵、枸杞子及所有调料炖约20分钟即可。

孕晚期饮食调理

孕晚期准妈妈要多多储备能量，以备于分娩，同时合理的营养摄取量也是营养胎教不可缺少的。

◎此阶段主食需米面、杂粮搭配食用，副食则要荤素搭配，以猪肝、瘦肉、蛋类、海产品、乳制品、豆制品等为主。

◎要多吃绿色蔬菜和水果。

◎应该多吃些鸡蛋、牛肉、牛奶、花生、核桃、芝麻、海鱼、动物肝脏、蛋黄、猪瘦肉等。

◎忌吃小茴香、大料、桂皮、五香粉、人参、桂圆、味精等含有添加剂的食品、甜食等。

■ 黄瓜、香菇

青绿脆嫩的黄瓜，加上清脆的口感有涤荡烦忧愁苦的作用；香飘四溢的香菇，嫩滑的口感带来美好的憧憬，为了孕育一个水灵、聪明、伶俐的宝宝，让香菇和黄瓜助准妈妈一臂之力。

↑黄瓜

↑香菇

黄瓜烧香菇

材料：黄瓜1根，香菇5朵，葱1棵。

调料：酱油2大匙，鸡精1大匙。

做法：

❶黄瓜削皮、对半剖开，挖除瓜籽、切大块。

❷香菇用冷水泡软，切成小片，备用。

❸葱洗净，切花。

❹净锅烧热，倒入1大匙油，放入香菇片及黄瓜块翻炒几下，加入酱油、鸡精调味，再煮12～15分钟后至黄瓜块、香菇片软一点，撒入葱花即可。

与胎宝宝一起聆听童话故事

喜欢听童话故事是宝宝的天性，准妈妈经常给胎宝宝讲一些有趣的童话故事，能激发胎宝宝的大脑发育，有益于提升胎宝宝的IQ。下面两则故事有趣且童真，适合准妈妈讲给胎宝宝听。

可爱的小精灵

夏日的午后，树林静悄悄的，太阳炙烤着大地，山坡上的小动物们都在阴凉的地方休息。小羊在绿油油的山坡上一边唱着欢快的歌，一边悠闲的吃着青草。

正在这时山坡上吹起了一阵山风，伴随着山风大石头的后面飞起很多黄色的毛茸茸的东西，像是一群小精灵从石头里蹦了出来。小羊吓坏了，拔腿就跑，一边跑一边喊："不好了！不好了！石头里蹦出怪物了。"

正在唱歌的大公鸡听到喊声也跟着边跑边喊："不好了！不好了！怪物来了。"

寂静的树林开始热闹了，小猫、小狗都跑了起来。

负责治安的大黄狗正在巡逻，看到大伙慌张的奔跑就拦住大家问："你们为什么要奔跑呀？"

大家七嘴八舌地说道："有怪物来了……"大黄狗问："是什么怪物？"

小羊说："在山坡上一块大石头的后面蹦出一群黄色会飞的精灵。"

大黄狗说："大家不要害怕，带我去看看"。

在小羊的带领下大家来到了大石头前，每个人心里都很害怕，只有大黄狗走上前想看个究竟。大家正在为大黄狗担心，只听石头后面传来了大黄狗的笑声！

大黄狗对大家说："这是一株黄色的花絮，花开后随风飘到新的地方。"此时一阵微风吹来，天空中飘满各色的的花絮，犹如冬天里飞舞的彩色雪花。

胎教小博士经典点拨

这个童话充满了童真童趣，准妈妈在为胎宝宝讲的时候要声情并茂，由于每个小动物语言都是不同的，这时的准妈妈一定要用不同的声音表现，这样胎宝宝才能更加准确地感受到童话故事中小动物的形象，才能对胎宝宝起到提高智商的作用。

小花猫的故事

小花猫在花园的池塘边转悠，非常的无聊。于是想找池塘里的小鱼儿玩耍，但是小花猫不好意思告诉小鱼儿。就摆出各种姿态去吸引小鱼儿，池塘里的小黄鱼看到小花猫后非常害怕便找到姐姐小红鱼。

小红鱼是个勇敢的鱼儿，就带着小黄鱼游到了岸边问道："小花猫你有什么事情吗？"小花猫说："我想找你们玩耍。"小红鱼问："你为什么要找我们玩耍呢？"小花猫说："看到你们在水里自由自在的游泳，我想向你们学习游泳。"

这时，小红鱼和小黄鱼的妈妈听到了他们的对话。

鱼妈妈来到岸边告诉小花猫说："小花猫你学习游泳是很危险的，还是学其他本领吧！"

小花猫问："为什么？"

鱼妈妈说："你生活在陆地上，没有学习游泳的天赋，如果下水游泳的话会被淹死。"

小花猫难过地离开池塘边，走到了一棵开满白花的树下面。

树爷爷不解地问："小花猫你怎么了？"小花猫把刚才在池塘边的事情给树爷爷讲了一遍。

树爷爷笑着说："你不能学习游泳，可以学习爬树呀！"

小花猫很吃惊地说："你这么高，我怎么爬上去呢？"

树爷爷鼓励道："你试试不就知道了吗？"小花猫犹豫了一会儿便开始准备了。

小花猫只爬到了树爷爷的腿部就掉下来了，但是小花猫并不放弃。

第二次，小花猫爬到了树爷爷的腰部。

第三次爬到了颈部，第四次就爬到了树梢，树上所有的小白花都向小花猫祝贺。

一朵小白花说："小花猫你真了不起，我们都应该向你学习！"

小花猫非常高兴地和小白花们玩耍起来。

胎教小博士经典点拨

准妈妈在讲小花猫故事的时候，是不是觉得这只小花猫很天真、很有趣呢？故事中从小花猫想学游泳转变成学爬树，是否也会想起童年的自己呢？准妈妈此时可以从侧面告诉胎宝宝，在顺应自然规律的时候，要学会勇敢地去发展自己的特长。

和胎宝宝一起"唱"儿歌

儿歌是以低幼龄儿童为主要接受对象的、具有民歌风味的简短诗歌。儿歌内容多反映儿童的生活情趣，传播生活、生产知识等。宝宝容易接受也容易学会，准妈妈在平时多为胎宝宝唱一些儿歌，有助于胎宝宝的智力发育。

拍拍手唱唱歌

你拍一我拍一，
刮刮宝宝小鼻子。
你拍二我拍二，
摸摸宝宝小耳朵。
你拍三我拍三，
捏捏宝宝小脸蛋。
你拍四我拍四，
摇摇宝宝小脑瓜。

你拍五我拍五，
拉拉宝宝小手手。
你拍六我拍六，
宝宝扭扭小屁股。
你拍七我拍七，
宝宝跺跺小脚丫。
你拍八我拍八，
宝宝乐得笑哈哈。

胎教小博士经典点拨

准妈妈一边唱一边想象宝宝在出生后3～4岁左右时和你玩拍拍手的情景，气氛一定要融洽和谐，这样能把美好的事情传递给胎宝宝，使胎宝宝也受到感染。

太阳与月亮

太阳太阳快出来，宝宝喜欢晒太阳。
太阳太阳真听话，晒得宝宝暖洋洋。
天黑黑，月弯弯，宝宝回家吃饭了，
月亮出来照窗户，望着宝宝睡觉觉。

胎教小博士经典点拨

准妈妈在孕期经常晒晒太阳，也是进行光照胎教很好的方式，如果能把光照胎教和音乐胎教很好地结合起来效果会更佳。此首儿歌可以在准妈妈晒太阳的时候，一遍唱一遍抚摸腹部，能让胎宝宝充分感受到来自太阳的气息。

森林妈妈

我是一棵小松树,长在树林里。
我是一株小小草,长在松树下。
我是一朵小野花,长在大路旁。
我是一只花蝴蝶,飞在花丛中。
我是一头小老虎,家在森林里。
我们都有一个家,名字叫森林。

胎教小博士经典点拨

准妈妈在怀孕的中期多去大自然中走走,呼吸新鲜空气的同时唱一首儿歌给胎宝宝听,也可以学学大自然中美妙的声音,如小鸟的叫声、知了的叫声、下雨的哗哗声!准妈妈模仿得越像,胎宝宝体会得就越深,越有利于提高智商。

宝宝排排坐

老师教宝宝来数数,一只蝴蝶花丛飞,
两只青蛙水中玩,三只小花猫睡懒觉,
四条小鱼儿水中游,五只小鸭子岸边走,
六只小猴子树上跳,七只小鸟喳喳叫,
八只小白兔蹦蹦跳,九只小公鸡喔喔喔,
十个宝宝拍手笑。

胎教小博士经典点拨

准爸爸可以为准妈妈表演这首儿歌,准爸爸扮演成蝴蝶、青蛙、小懒猫……在唱歌的同时加些小动物们的经典动作,让准妈妈捧腹大笑的同时也感受到生活的美好,并会感染到胎宝宝。

给胎宝宝讲讲动物小百科

宝宝的智力发育与好奇心有很大的关系，宝宝都喜欢和动物玩耍，和动物都很亲密！那么胎宝宝一定会对动物的各种事情很好奇吧！准妈妈可以提前给胎宝宝讲一些关于动物的有趣故事。

动物的"语言"

动物的"语言"千奇百怪，虽然它们无法像人一样说话，但是它们用自己独特的方式来表达思想和情感。

动物可以通过摇尾巴、跳舞等多种方式来表达它们的情感。如小狗摇摇尾巴，译成人的语言就是："见到你很高兴。"如果它咆哮，那就是在喊："请走开，我很讨厌你。"

接下来，我们再给胎宝宝介绍几种动物的语言：

◎**小蜜蜂的舞蹈"语言"**：小蜜蜂在发现花丛后，就会跳"8"字舞来告诉同伴，"舞步"所指示的方向就是花丛的方向，其他的蜜蜂看到也就知道哪里有花丛了。

◎**蚊子的翅膀"语言"**：蚊子翅膀发出的嗡嗡声是聚会的信号，蚊子听到这种声音便聚集起来。

◎**海豚的"语言"**：海豚是除了人之外比较聪明的动物，它的体内有一种"收音机"。当它发现鱼群时，体内的"收音机"就开始播放，告诉同伴哪里有鱼群。除此之外，科学家发现，海豚看到不同的动物会发出不同的声音，这与人应用语言的方式是一样的。

胎教小博士经典点拨

胎宝宝太小，还不了解外面的世界，但是不代表其没有好奇心。其实胎宝宝最了解准妈妈的语言，平日准妈妈在外面散步看见小蜜蜂、蚊子可以顺便给胎宝宝讲一下它们的"语言"。

动物如何保护自己

◎**河蚌和蜗牛壳**：河蚌和蜗牛都是行动缓慢的软体动物，容易受到"敌人"的攻击。在几千万年的进化过程中，它们形成了保护身体的硬壳。河蚌有两片坚硬的贝壳，蜗牛有一个螺旋形的壳，在遇到危险时它们就把身体藏在硬壳里面。

◎**斑马的花纹**：斑马是非洲特有的食草动物，它们虽然腿长跑得快，但是反抗力很弱，容易受到狮子、老虎的侵犯。那斑马是如何躲避狮子与老虎的追捕呢？答案就是它们的斑纹。斑马身体上黑白分明的斑纹吸收和反射光线的程度不同，在阳光的照耀下使它们不容易被辨别，因此猛兽不能轻易发现它们。

◎**刺猬的刺**：刺猬遇到老虎、狮子等威胁时把头缩起来，缩成一个球状，再把身上的刺张开。老虎、狮子看到一个"刺球"则没有办法下口，只能放弃美味的食物。

◎**虫子的皮肤**：有一些虫子皮肤的颜色和它们所在的叶子的颜色相似，这样就不会轻易被"敌人"发现了。

◎**黄鼠狼的"臭屁"**：黄鼠狼遇到危险时，把尾巴翘得高高放出"臭屁"，奇臭无比，其实黄鼠狼放出的并不是屁，而是尿液，这股臭液能喷出3~4米远。追捕它的猎狗如果闻道这种臭味就会昏迷不醒，而臭屁也就成了黄鼠狼保护自己的"法宝"。

胎教小博士经典点拨

胎宝宝虽然在准妈妈的肚子里，但在长大的过程中慢慢也学会保护自己，如当强光照射到准妈妈的腹部时胎宝宝会有意识地避光，胎宝宝一定想知道自然界的小动物是怎么样保护自己。因此准妈妈可以多了解一些念给胎宝宝听。

提高EQ（情商）·控制情绪很重要

情商（EQ）即情绪智力，是近年来心理学家们提出的与智力和智商相对应的概念。它主要是指人在情绪、意志、情感、耐受挫折等方面的品质。如果从孕期就开始注重稳定准妈妈的情绪，对于培养和稳定胎宝宝的情绪是很有必要的。

如果想提升胎宝宝的情商就需要多与人交流，多思考，相声不仅能锻炼人的语言表达能力及反应能力，也能提升幽默感，准妈妈可以多加学习相声，与准爸爸一起说相声。

幽默相声——爱鸟

甲：告诉大家，我这个人最喜欢小鸟了，刚一下课我就到这片林子里来了，鸟啊鸟，你的肉该有多么香啊？

乙：啊，春天来了，小草绿了，小鸟在婉转地歌唱，我的心在想……

甲：你想吃鸟肉吗，这时候打鸟吃肉比啥时候都强啊。

乙：你怎么能这么想！小鸟是在天空中自由飞翔，你竟然想吃它们……

甲：我想吃鸟和你有什么关系吗？

乙：老师不是教育我们要爱鸟吗？你咋还想打鸟呢？

甲：因为鸟犯了罪？

乙：鸟有什么罪？

甲：第一，吵吵闹闹，干扰他人工作和学习。

乙：有这事？

甲：上学期语文课，老师讲小蝌蚪找妈妈，这时候外面有一大群鸟唧唧喳喳的飞过去了，我看啊看！这时老师问我，小蝌蚪游到哪儿去了？

乙：这还不好回答吗？

甲：是啊，太容易了，我张口就说飞到前面的林子里去了。

乙：这都是什么呀？

甲：老师一听就生气了，当时就把我训了一顿，你说，这不是鸟犯的罪吗？

乙：这能怪鸟吗？真是强词夺理！

甲：再说，鸟飞的时候，不是一帮一帮的，就是一对一对的，这像话吗，老师从小就教育我们不要早恋，要有远大志向，可是这些鸟才多大啊，就形影不离，成什么体统？

乙：笑话，鸟要是长到你这么大再去恋

爱这世界上恐怕就剩下鸵鸟了。

甲：还有呢，鸟类还偷吃小麦、谷子、高粱等粮食，这不是盗窃罪吗？

乙：行了行了，越说越不着边儿了。

甲：不过，后来，我看了一本书，才知道我真的错了！书上说，一只鸟一年能消灭上万只害虫，一只害虫可以毁坏1～2棵庄稼，这样，一只鸟一年可以保护上百斤粮食，想想，这贡献有多大？

乙：是够大的了！

甲：我想我不应该打鸟了，对吗？

乙：是啊，可鸟犯的干扰罪，还有偷粮食的事你不追究了吗？

甲：不了，一只鸟一年最多也就是吃那么一斤半斤的粮食，和它们的贡献比起来又算什么？

乙：也是！

甲：从此我再也不打鸟了，并且呼吁更多的人们都来爱护鸟类。

乙：你是怎么呼吁的？

甲：我学说鸟语，啾啾啾，叽叽叽……

乙：去你的吧。

胎教小博士经典点拨

这是关于保护小动物的相声，语言风格轻松，简单有趣！准妈妈和准爸爸可以分别扮演相声中的甲和乙，用相声的腔调去表演，让胎宝宝充分体会相声魅力的同时，还能早早传递给胎宝宝要保护小鸟，爱护环境的意识。还有相声是一门幽默艺术，准爸妈在表演时，不仅自己心情愉快，也能感染腹中的胎宝宝，让胎宝宝的情商得到提高。

趣味儿童剧——新编小红帽

儿童剧的艺术表达形式是比较有趣的，儿童剧中的语言和动作及表达的内容是人们感兴趣的基本要素。准妈妈多看看儿童剧不仅有利于保持良好的心情，还有利于情商的改善，因此也有利于胎宝宝。

人物：小红帽，两只小白兔，祖母，大灰狼，猎人大叔

今天是小红帽祖母的生日，小红帽带着蛋糕在丛林中翩翩起舞。丛林小路，两边开满鲜花，小红帽被这些鲜艳的花朵吸引住了：哇！这里的花朵可真漂亮，我要摘

一些送给祖母，小红帽停下了脚步，蹲下采花。一会儿，鬼子进村音乐起，大灰狼上场。

　　大灰狼：唉呦，这几天邪门了，怎么见不到一个小动物，害得我最近都改吃素食了，不是啃树皮，就是嚼野花，唉！（看见小红帽）咦？这朵花怎么这么大，难道是我饿得眼睛都花了，不行，我得过去瞧瞧！……这是什么花（将小红帽的头抓住，小红帽转头，二人大惊）。

　　小红帽：你吓死我了，你、你是谁？

　　大灰狼：My name is 大灰狼……

　　小红帽：你前几天吃了小白兔丁丁！

　　大灰狼：那是老虎吃的！

　　小红帽：哼，我才不信你呢，就你这长相，就能看出你一定就是那个大坏蛋！

　　大灰狼：哎！你这话就不对了，俗话说的好，狼不可貌相嘛！我很可怜的，一岁没有爹，两岁没有妈，从小我为了补奶，只喝娃哈哈……除了它，我就爱吃蛋糕。你就把你手中的蛋糕送给我吧。

　　小红帽：那可不行，蛋糕我还要送给我祖母呢。

　　大灰狼：什么？送给你祖母！你还有祖母？哈哈哈哈，那你祖母在哪儿住呀？

　　小红帽：我不说！（小红帽趁大灰狼不注意，边逃跑边喊救命）

　　大灰狼跳到小红帽面前：小家伙，还想逃！没门！

　　小红帽：救命……小白兔……小白兔……

　　画外音：哎……小红帽……是你在喊我们吗……

　　大灰狼：哈哈，你可真天真，还想让小白兔来救你，不过也好，我有一阵没有吃过红烧兔肉了。赶快叫，赶快叫！

　　小红帽：（突然，小红帽好像想到了什么）大灰狼，我答应带你去我祖母家，不过请你不要吃我，好不好？

　　大灰狼：好，没问题，只要你把我带到你祖母家，我保证不吃你。

　　（小红帽将头上的两朵花仍到地上，偷偷摆成标记，与大灰狼离去。）

　　小白兔们：刚才声音是从这边传来的，怎么不见人了，真奇怪，你们快看这不是咱们送给小红帽的两朵花吗，怎么会在这？你们看这儿，有个好大好大的脚印，好象是大灰狼的。啊——不好了，小红帽肯定是碰见了大灰狼，这可怎么办呢？

　　另一只小白兔说：我们两个去找猎人大哥，让他想想办法。

　　小白兔找到猎人：猎人大哥，不好了，小红帽被大灰狼抓走了。

猎人：那你们知道小红帽去哪里吗？

小白兔：知道知道，去给她祖母送蛋糕了，小红帽在路上留下了记号，我们顺着追，就能找到。

众：那咱们赶快去救她吧。（大家来到小红帽祖母家，正好祖母不在家，猎人就扮演成小红帽祖母的样子）

小红帽过了一会也来到祖母家：狼哥哥，你马上就要吃我祖母了，我以后再也见不到她了，能不能让我进去再陪她说说话，说完话我就把她领出来。

大灰狼想了想：那好吧，不许你耍花样。（小红帽跑进去准备告诉祖母狼来了，让祖母藏起来，可是一只小白兔跑过来，告诉小红帽是猎人大叔扮演成祖母，小红帽定眼一看还真像，就明白了一切）

小红帽：狼大哥，我祖母正在练功，我把她就交给你了，我进里面去给您泡杯茶。

祖母：（看见大灰狼）你！你是谁啊？

小红帽：他是我的朋友。

祖母：是你朋友啊，来，让他陪我练练功夫。

小红帽：祖母，你可要让让我的朋友啊……

大灰狼：不让不让！怎么，还瞧不起我！祖母啊，你可要用尽全力打我哦！

祖母：没问题（比武音乐起，二人在场上练习太极，正当大灰狼要进攻的时候，祖母咳嗽一声，示意躲在暗处的小白兔，小白兔受到暗示，举手就是--弹弓，打到了大灰狼的腿上，大灰狼应声倒下，祖母一个箭步，上前抓住大灰狼的耳朵使劲撕扯，大灰狼疼得翻身几圈，又爬了起来，正准备第二次攻击，突然，头上又被弹弓击中，立刻倒地，祖母随即拉住大灰狼的脚转了起来，猛的一下摔了很远，大灰狼头破血流。

大灰狼：我支撑不住了，祖母，我有高血压、心脏病，如果再不停的话，我就要死了，救狼一命，胜造八级浮屠，求求你们了……

祖母：那好吧。放了你，你以后不许再害人。（大灰狼立即答应，灰溜溜地逃走了，真正的祖母回来，大家高高兴兴给祖母过了一个生日）

胎教小博士经典点拨

小红帽的故事家喻户晓，准爸爸准妈妈在给胎宝宝实施胎教的过程中，添加点喜剧色彩，可以激发准妈妈的情绪体验，还可有利于胎宝宝形成良好的性格。准妈妈还可以事先准备剧中出现人物的小卡片，最好是准妈妈亲自画的，这样就可以进行多方面的胎教了。

探索生活奥秘

准妈妈小时候肯定会对生活中的一些现象有着强烈的好奇心！那么运用知识胎教的原理，准妈妈何不与胎宝宝一起解开这些好奇呢？既给准妈妈增加了知识储备，未来可更好地照顾培养宝宝，这种知识胎教对于胎宝宝来说也是促进发育的好方法。

玩滑梯时为何屁股会热热的

这是因为小朋友在往下滑的时候屁股和滑梯接触产生摩擦力，滑行的速度越快摩擦力越大，在摩擦力的作用下就产生了热能，所以屁股就会热热的。

转圆圈时为何脑袋是晕的

人的大脑判断方位、方向主要靠眼睛和耳朵，人的耳朵里有一个感觉平衡器官，可感受各种运动状态的刺激，但每个人对这些刺激的强度和时间的耐受性有一个范围。普通人在转圈儿的时候，会超出耳内平衡器的范围，加上视觉景物的快速变化，导致大脑出现混乱，就会感觉晕晕的。

冬天窗户上为何会有"窗花"

冬季室内外温差很大，室内空气中水蒸气遇到很冷的窗户玻璃会凝华成"窗花"。这是因为窗户玻璃上布满了灰尘，尘埃会和窗户玻璃上水蒸气凝结成许多冰片。这些冰片看起来就像"窗花"了。

为什么相隔几千里也可以通电话

人打电话时，声音传入话筒，话筒里面的金属片会震动，把声音转换成电流，电流通过电话线传到对方的电话上，对方电话的金属片也会震动，然后转换成声音，所以即使是几千里，通过电话机也可以听到对方的声音。

冬天自来水管为何被冻裂

冬季天气寒冷，空气温度要低于0℃，自来水管如果没有保温措施，水管里的水也会降到0℃以下，低于0℃的水就会结冰了，而水结冰后体积会变大，于是很容易就把水管胀裂了。

冬天为何不能摸冰冻的铁器

在寒冷的冬天，手表面的水分遇到冰冻的铁器会迅速凝固，手与冰冻的铁器之间被一层薄冰粘起来，手很难从铁器上拿走。因此，冬天小朋友不要轻易去摸冰冻的铁器。

汽水为什么会冒泡

汽水里面不仅有水，还含有很多的碳酸，汽水打开瓶口的时候，碳酸溶解度降低就会分解成水和二氧化碳，由于二氧化碳是气体，便形成气泡冒出瓶子。

筷子在装满水的杯子里看为什么是断的

在装满水的透明杯子里，把筷子放进去，光线照射到水面会产生折射现象，从而使我们的眼睛形成一种错觉，看到筷子是断的。

为什么热水瓶可以保温

热水瓶的中间为双层玻璃的瓶胆，瓶胆两层之间形成真空状态，而且镶着一层水银或铝，可以阻止热气的流动。另外，热水瓶的瓶塞，通常以软木或塑料制成，这两种材料都不易导热，所以热水瓶可以保温。

为什么玉米可以爆成爆米花

玉米粒的皮有层薄膜包着，高温加热后，玉米内部的水分开始蒸发，体积急剧膨胀，而外部的薄膜却极力阻止其膨胀，结果导致玉米内部的压力越来越大，最后薄膜实在包不住了就"啪"一下爆开变成了爆米花。

胎教小博士经典点拨

生活中有许多奥秘，当准妈妈在公园散步看到一些小朋友在滑滑梯、转圈圈的时候可以顺便告诉胎宝宝这些游戏是怎么玩的，有些什么奥秘。当冬天来临窗户上出现窗花，自来水管被冻裂的时候准妈妈也可以告诉胎宝宝这是为什么。其实，胎教无处不在，准妈妈随时随地都可以进行胎教。

和胎宝宝一起玩文字推理游戏

文字语言是很强大的，一些准妈妈或许无时无刻不接触文字，那么偶尔玩玩文字游戏，也是很有趣的！

只有一个聪明人

乐乐、齐齐、玉玉三位同学一起参加了数学和化学考试。这三位同学中，只有一个特别聪明。

乐乐说：如果我不聪明，我将不能通过数学考试；如果我聪明，我将能通过化学考试。

齐齐说：如果我不聪明，我将不能通过化学考试；如果我聪明，我将能通过数学考试。

玉玉说：如果我不聪明，我将不能通过数学考试；如果我聪明，我将能通过数学考试。

考试结束后，证明这三位同学说的都是真话，并且：第一，聪明人是三位同学中唯一通过这两门科目中某门考试的人；第二，聪明人也是三位同学中唯一一个没有通过另一门考试的人。

准妈妈猜一猜这三位同学中，谁是聪明的同学？

答案

聪明人是齐齐。

假设聪明人是乐乐，则齐齐和玉玉都不是聪明人。这样就会得出乐乐和玉玉都没通过数学考试的结论，与条件矛盾，不成立。假设聪明人是玉玉，则乐乐和齐齐都不是聪明人。这样就会得出玉玉和齐齐都没通过化学考试的结论，与条件矛盾，不成立。假设聪明人是齐齐，则可得出齐齐是唯一通过数学考试的，也是唯一的没有通过化学考试的人，成立。(注意，从"如果我不聪明，我将不能通过化学考试"，不能得出结论"如果我聪明，我将能通过化学考试。")

胎教小博士经典点拨

这是一道文字推理游戏，准妈妈在闲暇的时光里，开发一下智力，在提升自己智力的同时也能感染腹中正在成长的胎宝宝，让胎宝宝在肚子里就学会思考。

"一"与"半"的区别

唐代有位诗人叫任蕃。一天，他游览浙江名胜天台山的中子峰时，被这里的青山秀水迷住了，诗兴大作，便提笔写下：

绝顶新秋生夜凉，鹤翻松露滴衣裳。前锋月映一江水，僧在翠微开竹房。

写完后，他又反复吟哦几遍，直到认为得意之后才满意离去。但是，当他走了很远之后，忽然认为诗中"前峰月映一江水"似有不妥，认为如果把"一江水"改为"半江水"就好了。于是他又匆匆往回跑，不料回到庙里一看，早已有人将"一"改为"半"了。

准妈妈，请你想想"前峰月映一江水"为什么要改为"半江水"呢？

答案

如果说是"一江水"就说明江很小，一眼就把江的风景看完了；但是如果改成"半江水"就说明诗人看了很久，这里的风景都还没看完，没有大饱眼福的感觉，意境一下子变得深远起来。

胎教小博士经典点拨

中国的诗博大精深，每一首优秀的诗能流传千古都是诗人用自己智慧以及仔细斟酌所创作的，为胎宝宝读一读古诗，讲一讲诗人的逸事，准妈妈在了解古人智慧的精华及创作的过程的同时，有利于提高宝宝的智商及情商。

准妈妈和胎宝宝一起动起来

胎宝宝虽然现在还不会玩玩具，但是准爸妈可以开始为他们准备玩具了，买的玩具又贵又不耐用，不如准爸妈为宝宝亲手制作玩具吧！另外，准妈妈还可以学一下怎样变魔术，让准爸爸和其他家人来充当观众，看准妈妈如何大展身手。

制作小火车

【准备工具】

火柴盒，胶水，颜料，颜料刷，硬币，铅笔，剪刀，硬卡片，钉子，一些牙签，绳子。

【前期准备】

收集5个火柴盒，用颜料刷在火柴的里面与外面都刷上红色。用硬币在硬纸片上比着，在硬纸片上画出足够多的圆圈做火车轮。

【制作方法】

1. 取其中的3个火柴盒封套，用锥子在火柴盒封套的两个侧壁上等距离打上两个小洞，穿入两根牙签。
2. 在车轮的中心穿两个眼儿，把车轮穿到牙签上。如果车轮松动，在车轮的中心涂上点胶水（制作6～10个这样的车厢）。
3. 在穿好车轮的封套上面粘上两个火柴盒当做火车头。在火车头上扎个孔，插上一节吸管当火车头的烟囱。
4. 将其他穿好封套的火柴盒上涂上一层薄薄的胶水，摆成一列。再把一段绳子放在每个火柴盒封套上的中央位置，然后压上一只内盒粘牢。
5. 每个火柴盒都用绳子连接，连接上6～8个制作好的火柴盒，这样自制的小火车就算完成了。

胎教小博士经典点拨

通过小火车玩具的手工制作，准妈妈不仅自己会因给小宝宝亲手完成了一件小礼物而心情愉悦，胎宝宝也会对准妈妈的用心而感激和高兴！

水杯消失

【准备工具】

1张桌子，铅笔，剪刀，小玻璃杯。

【制作方法】

1.为了制作特别的手帕，首先将玻璃杯倒置在一块白色的手帕上，用铅笔沿着玻璃杯的边缘画出它的轮廓。

2.用剪刀剪出准妈妈刚才画到的那个圆，用双面胶将原片固定在你的手帕下面。

3.把你特别制作的手帕放在你的口袋里，表演的时候拿出你的手帕，将手帕盖子玻璃杯上，确保圆片的边缘和杯口吻合。

4.将手帕和玻璃杯一起拿起来，在杯嘴的位置将它们一起举着。

5.当准妈妈提起杯子的时候，使它慢慢的靠近你并且使其越过桌子的边缘，要保证手帕的边缘垂到桌子的下面，轻轻的松开玻璃杯将它落入到另一手。然后把它小心的放到大腿上。

6.将手帕再次提到空中，圆片保持了杯子的形状，证实给家中观众杯子仍然在。

7.将手帕向桌子上摔去，展示玻璃杯不见了。

胎教小博士经典点拨

◎在悄悄放下杯子的时候，使其看起来自然是很重要的，并且准妈妈不需要任何摸索就能把杯子藏在大腿上。

◎如果增加一个额外的舞台，准妈妈也可以用这个办法让戏法变得更加神秘、精彩，逗乐全家的同时也丰富了准妈妈的日常生活。

提高MQ（道德商）·哲理故事是重点

道德商是一个人的品德，道德商的重要性在于影响和修正人们的聪明才智。品德是人生的财富，中华民族自古尊崇道德，谓之"德者，得也"，德高之人多得，德薄之人寡得。为什么呢？因为德的内涵是人心。得人心者得人助，能得人助者易成功。品格胜于金钱。品格就是财富，胎宝宝虽然还不能理解道德的含义，但准妈妈可多给胎宝宝传递良好的品德故事，一方面陶冶了自身的情操，给胎宝宝做榜样，以后可以更好地教育宝宝，另一方面，这种潜移默化的培养也可感染胎宝宝。

 多读读名人趣味故事

马克·吐温与理发师

马克·吐温虽说是一位大文豪，但是他的幽默风趣也给人们留下了深刻的印象。有一次他外出做演讲，来到一个小城镇。

在表演前，他先去一家理发店刮胡子。

理发师一边刮胡子一边问："你是外地人吧？"

"是的，"马克·吐温回答。"我是首次到这里来。"

"你来的正是时候，今晚马克·吐温要来做演讲，我想你会去的，是吗？"理发师说。

"噢，我也是这样想。"

"你搞到票了吗？"

"还没有。"

"票全都卖光了，你只有站着了。"

"真讨厌！"马克·吐温叹气着说。"我的运气真不好，每次那个家伙演讲时我都不得不站着。"

胎教小博士经典点拨

这个故事短小却风趣幽默，也充分表现了一位幽默大师平易近人的高尚品德。准妈妈经常看一些这样的故事能保持精神愉悦，还能从中领悟到一些道理，对胎宝宝也很有好处。

孔子认错

有一天，孔子和他的弟子子路、子贡和颜渊到处游览。

由于孔子从未见过大海，想到海边去看看，于是一行人到了海边的山下。

孔子和他的弟子爬上山顶，只见水天相连，一望无际，大家都兴奋极了。忽然海风吹来了一阵急雨，子路一看着急了，大声嚷道："这可怎么办，我们到哪里去避雨呢？"

这时，一个渔家孩子看到他们，对他们说："你们都不用着急，跟我来吧！"说完，那孩子就把孔子一行带进一个山洞。孔子站在洞口边躲雨，边欣赏雨中的海景，不由得诗兴大发，吟出了两句诗："风吹海水千层浪，雨打沙滩万点坑。"

孔子的三个弟子都齐声赞扬孔子的诗做得好，那孩子却持反对态度，他对孔子说："千层浪、万点坑，你有没有数过是否有那么多？"孔子想了想，点了点头。

雨停后，那孩子又到海上打渔去了。

孔子回想起刚才发生的事，歉疚而又自责地对三个弟子说："我以前讲过唯上智与下愚不移，看来这并不妥当，还是应该提倡'学而知之'，'知之为知之，不知为不知'。"

胎教小博士经典点拨

孔子是贤人，但是，在一个孩子面前，他认识到自己的不足和错误并勇于承认，这充分说明了圣人优秀的道德品质。准妈妈在平时的生活中应注意自己的道德修养，为胎宝宝树立好榜样。

给胎宝宝讲几段有趣的笑话

快乐孕期是每个准妈妈所追求的,每天看一些笑话,并将笑话讲给胎宝宝听,是一件很有趣的事情,看看以下笑话,准妈妈心情一定会很好的。

促销女士用品

化妆品店促销女士用品。早晨,一大群女士就排队等着开门,可是一个男士一直向前挤,一次又一次被女士们推到后面。那男士气急败坏地大声嚷道:"你们要是不让我过去,我就不开门了。"

加油

某加油站为了招揽生意立出一块广告牌:凡买汽油者可免费获赠地图。

一天,有个外地人把车驶进加油站,他加了5元钱的汽油并索要免费地图。

服务生说:"你要地图做什么?凭你加的那点儿汽油,你去的地方我指给你看就行了。"

反季购物

初冬的一个周末,妈妈带儿子去买衣服,恰巧遇到商场服装换季大甩卖。她给儿子挑了一件小衬衫。

儿子问:"妈妈,你让我现在穿这个吗?"

妈妈解释道:"不是啊,这叫反季购物,价格一般会比较便宜,冬天买了你夏天穿,多好。"

儿子半天没吭声,过了一会儿突然对妈妈说:"妈妈,咱买些冰激淋存起来吧,到了夏天我好吃!"

房子小

儿子对爸爸抱怨道:"我们家的房子怎么这么小啊!"

爸爸说:"儿子啊,现在房价太贵了,爸没有那么多钱。"

紧接着爸爸又说:"所以你要好好学习,将来挣钱买大房子!"

儿子听后,疑惑地问:"那你小时候为啥不好好学习?"

记性

儿子对爸爸埋怨道:"爸爸!你记性也太不好了!"

爸爸很奇怪,问儿子:"怎么了?我怎么记性不好啊!"

儿子说:"奶奶说你娶了媳妇忘了娘。"

铁砂掌

儿子迷恋武侠小说,特别喜欢铁砂掌。

一日,儿子对一种长满刺的掌状植物很感兴趣,问爸爸:"这是什么植物?"

父亲说:"是仙人掌。"

"爸爸,仙人掌厉害还是铁砂掌厉害?"

缺点

儿子今年上小学一年级,一次,妈妈和儿子讨论每个人的缺点。

妈妈说了些自己的缺点,然后问他:"你有什么缺点呢?"

他想了一会儿,说:"我就是有点儿缺钙。"

热胀冷缩

女儿:"妈妈,我又长胖了,可能是天太热'热胀'的,我很想'冷缩'一下。"

妈妈:"那你想到什么好办法了吗?"

女儿:"您只要一天让我吃两个冰激淋就行了!"

送信

儿子很晚回家,妈妈问他:"这么长的时间你去哪儿了?"

"妈妈,我们刚才玩邮递员游戏。"儿子回答,"我往各家送信。"

"你从哪儿弄来的信?"妈妈奇怪地问道。"就是你柜子里那些用红绳子捆着的旧信。"

透明体

爸爸在装窗户玻璃,便问儿子:"你知道什么是透明体吗?"

儿子:"透过一个物体能看到其他东西,这个物体就是透明体。"

爸爸:"你能举出个例子来吗?"

儿子:"锁孔。"

教胎宝宝欣赏优美的诗歌

致大海

再见吧,自由奔放的大海!
这是你最后一次在我的眼前,翻滚着蔚蓝色的波浪,
和闪耀着娇美的容光。
好象是朋友忧郁的怨诉,好象是他在临别时的呼唤,
我最后一次在倾听,你悲哀的喧响,你召唤的喧响。
你是我心灵的愿望之所在呀!
我时常沿着你的岸旁,一个人静悄悄地,茫然地徘徊,
还因为那个隐秘的愿望而苦恼心伤!
我多么热爱你的回音,
热爱你阴沉的声调,你的深渊的音响,
还有那黄昏时分的寂静,和那反复无常的激情!
渔夫们的温顺的风帆,
靠了你的任性的保护,在波涛之间勇敢地飞航。
但当你汹涌起来而无法控制时,
大群的船只就会覆亡。
我曾想永远地离开,你这寂寞和静止不动的海岸,
怀着狂欢之情祝贺你,
并任我的诗歌顺着你的波涛奔向远方,
但是我却未能如愿以偿!
你等待着,你召唤着……而我却被束缚住。
我的心灵的挣扎完全归于枉然,
我被一种强烈的热情所魅惑,
使我留在你的岸旁……
有什么好怜惜呢?
现在哪儿才是我要奔向的无忧无虑的路径?
在你的荒漠之中,有一样东西,
它曾使我的心灵为之震惊。
那是一处峭岩,一座光荣的坟墓……

在那儿，沉浸在寒冷的睡梦中的，是一些威严的回忆；

拿破仑就在那儿消亡。

在那儿，他长眠在苦难之中。

而紧跟他之后，正像风暴的喧响一样，

另一个天才，又飞离我们而去，他是我们思想上的另一个君主。

为自由之神所悲泣着的歌者消失了，

他把自己的桂冠留在世上。

阴恶的天气喧腾起来吧，激荡起来吧！

哦，大海呀，是他曾经将你歌唱。

你的形象反映在他的身上，

他是用你的精神塑造成长：

正像你一样，他威严、深远而深沉，

他像你一样，什么都不能使他屈服投降。

世界空虚了，大海呀，你现在要把我带到什么地方？

人们的命运到处都是一样，

凡是有着幸福的地方，那儿早就有人在守卫：

或许是开明的贤者，或许是暴虐的君王。

哦，再见吧，大海！

我永远不会忘记你庄严的容光，

我将长久地，长久地，倾听你在黄昏时分的轰响。

我整个心灵充满了你，

我要把你的峭岩，你的海湾，

你的闪光，你的阴影，还有絮语的波浪，

带进森林，带到那静寂的荒漠之乡。

——普希金

金色花

假如我变成了一朵金色花,只是为了好玩,
长在那棵树的高枝上,笑哈哈地在风中摇摆,
又在新生的新叶上跳舞,妈妈,你会认识我么?
你要是叫道:"孩子,你在哪里呀?"
我暗暗地在那里匿笑,却一声儿不响。
我要悄悄地开放花瓣儿,看着你工作。
当你沐浴后,湿发披在两肩,穿过金色花的林荫,
走到你做祷告的小庭院时,你会嗅到这花的香气,
却不知道这香气是从我身上来的。
当你吃过午饭,坐在窗前读书,
那棵树的阴影落在你的头发与膝上时,
我便要将我小小的影子投在你的书页上,
正投在你所读的地方。
但是你会猜得出这就是你小孩子的小影子吗?
当你黄昏时拿了灯到牛棚里去,
我便要突然地再落到地上来,
又成了你的孩子,求你讲故事给我听。
"你到哪里去了,你这坏孩子?"
"我不告诉你,妈妈。"
这就是你同我那时所要说的话了。

——泰戈尔

胎教小博士经典点拨

泰戈尔的诗歌优美动听,经常应用拟人的手法,形象地诠释了心灵和生命的内在联系。彰显爱的伟大,体现诗人以爱改造世界的人生追求,适合准妈妈朗诵,陶冶情操。

和胎宝宝一起"学习"国学

国学是传统教育最主要的部分，其中的道理是我们的祖先一点一滴积累起来的，内容简洁深刻。准妈妈多学习，有利于自身修养提高的同时更有利于胎宝宝。

准妈妈与胎宝宝一起学《三字经》（节选）

人之初，性本善。性相近，习相远。苟不教，性乃迁。教之道，贵以专。
昔孟母，择邻处。子不学，断机杼。窦燕山，有义方。教五子，名俱扬。
养不教，父之过。教不严，师之惰。子不学，非所宜。幼不学，老何为。

释义

人之初，性本善。性相近，习相远。

人在出生的时候，本性都是善良的。每个人善良的本性都很接近的，慢慢地因为生活和学习环境的不同，本性的差异越来越大。

苟不教，性乃迁。教之道，贵以专。

如果不早接受好的教育，本性就会随环境的影响而改变！至于教育的方法，应做到使孩子专心，而且要有定力。课业的选择，要以专、精为主。

昔孟母，择邻处。子不学，断机杼。窦燕山，有义方。教五子，名俱扬。

（孟母三迁和断机杼的故事我们下面要讲到。）

五代时，有一位名叫窦燕山的人，就是遵照圣贤教诲的义理来教育孩子，因此五个儿子都很有成就。

养不教，父之过。教不严，师之惰。子不学，非所宜。幼不学，老何为。

父母生育子女，如果只知道养活他们，而不去教育他们，那是做父母的失职。而老师教导学生，不只是知识、技艺的传授，更重要的是教导学生做人处世的道理，要使学生能够与人相处融洽、做事有方法、活得健康愉快、有意义。

在年纪小的时候，不肯努力用功学习，等到年纪大了，还能有什么作为呢？

胎教小博士经典点拨

《三字经》简单易学，内容积极向上，准妈妈多读一些《三字经》能影响到胎宝宝，有利于宝宝出生后树立正确的道德观。

学习成语故事：孟母三迁

孟子，名轲，字子舆。战国时期鲁国人（现在的山东省境内）。3岁时爸爸去世，是母亲把他一手抚养长大。

孟子小时候很贪玩，喜欢模仿别人不好的东西。他家原来住在坟地附近，他常常玩筑坟墓或学别人哭拜的游戏。

母亲认为这样不好，就把家搬到集市附近，孟子又模仿别人做生意和杀猪的游戏。孟母认为这个环境也不好，就把家搬到学堂旁边。

孟子从此就跟着老师学习礼节和知识。孟母认为这才是孩子应该学习的，心里觉得很高兴，就不再搬家了。这就是历史上著名的"孟母三迁"的故事。

有一天，孟子逃学回家，孟母正在织布，看见孟子逃学，非常生气，拿起一把剪刀，就把织布机上的布匹割断了。

孟子看了很惶恐，跪在地上请问原因。孟母责备他说：你读书就像我织布一样，织布要一线一线地连成一寸，再连成一尺，再连成一丈、一匹，织完后才是有用的东西。学问也必须靠日积月累，不分昼夜勤求而来。你如果偷懒，不好好读书，半途而废，就像这段被割断的布匹一样，变成了没有用的东西。

孟子听了母亲的教诲，深感惭愧。

从此以后专心读书，发奋用功，身体力行、实践圣人的教诲，终于成为一代大儒，被后人称为"亚圣"。

胎教小博士经典点拨

在《三字经》中，有"昔孟母，择邻处。子不学，断机杼"的叙述，讲的便是这段故事。准妈妈在读了之后是不是也认为环境对一个孩子的成长起着重要的作用呢？那么，准爸爸和准妈妈平时就要注意自己的行为举止，良好的胎教环境有利于宝宝养成良好的生活习惯，一定要给胎宝宝做个好榜样。

 **准爸爸讲童话故事**

准爸爸参与胎教，不仅可以培养胎宝宝与自己的情感依赖，同时还能够在胎教之时提升自身修养，给胎宝宝以有利的影响。如准爸爸可以为宝贝朗诵故事，也可以扮演故事中的人物和妈妈分角色朗诵。下面给准爸爸推荐一个有趣的故事——《蚂蚁兄弟》。

七彩镇虽然名为镇里，却只是一个小村落。在这个村落里生活着黄牛伯伯、山羊奶奶、兔子大叔等十几户人家。

蚂蚁兄弟也居住在这个镇子里，哥哥叫大勇，弟弟叫小敢，蚂蚁兄弟有个幸福的家，蚂蚁爸爸、蚂蚁妈妈都非常疼爱他们。

然而，灾难却悄无声息地降临在了七彩镇。由于长时间的降雨导致山洪爆发，洪水裹着石块冲破河道，瞬间将只有十几户人家的七彩镇吞没。

就在山洪到来的那一刻，蚂蚁爸爸迅速地将蚂蚁妈妈和蚂蚁兄弟转移到了用木匣子做的船里，当蚂蚁爸爸准备推动木匣子船带领自己的妻子、孩子逃生时，一个洪峰涌了过来，将木匣子船打翻了，幸亏木匣子带有盖子才使得蚂蚁兄弟和蚂蚁妈妈躲过了这一劫难。然而蚂蚁兄弟的爸爸却被洪水冲走了。

木匣子船在洪水里漫无目的地漂浮着，洪水渐渐地退了下去，蚂蚁妈妈带领着蚂蚁兄弟从木匣子船里爬了出来，发现这里不是七彩镇，经过打听才知道原来这里是太阳村。太阳村和七彩镇一样刚刚遭受了洪水的侵袭，蚂蚁兄弟被蚂蚁救援队员安置在了安全的地方。

由于蚂蚁爸爸的失踪，蚂蚁妈妈悲伤过度得了重病，在这种情况下蚂蚁兄弟强掩内心的悲痛暗下决心，大勇对小敢说："爸爸不在了，现在妈妈又得了重病，我们要撑起这个家，照顾好妈妈"。

大水退后，他们在太阳村村长和村民的帮助下，建造了自己的家，从此兄弟二人每天辛勤劳作，并细心照顾病重的妈妈。

然而时间一天天的过去，蚂蚁妈妈的病不仅没有好转反而更加严重了。蚂蚁兄弟焦急万分！太阳村的村民都非常同情他们，热心帮助蚂蚁兄弟，为其出主意、想办法，并且从几十里外的镇子里请来了一位神医。

这位神医为蚂蚁妈妈诊断病情后，得出的结论让大家更加焦虑。神医说，蚂蚁妈妈的病是一种罕见的怪病，一般药物是不能治愈的，而且吃药越多会越加重病情。

要想治此病需要到百里外的玉女山顶采集三色花蕊上的露珠，这种花的花瓣有三种颜色组成，并且此花长在寒冷、阴暗、潮湿的崖壁上，每天迎接着太阳的第一缕阳光绽放，待太阳升时此花便凋落。要想采集到三色花蕊上的露珠必须要在太阳升起之前找到它，否则就采集不到露珠。从太阳村到玉女山顶路途遥远，并且玉女山顶常年被厚厚的积雪覆盖，困难重重，没有坚强的毅力和非同寻常的耐力是不可能到达的。只要能采集到三色花蕊上的露珠妈妈就能康复，听了神医的话，蚂蚁兄弟非常激动，决定为了给妈妈治病，愿意经历重重磨难去玉女山顶采集露珠。

于是兄弟二人将妈妈安置好后便匆匆赶往玉女山。

在历尽千辛万苦之后他们终于到达玉女山顶，然而除了能看见厚厚的积雪，没有任何植物，他们忍受着寒冷和饥饿用坚强的信念互相鼓励着对方，寻找着三色花，当东方已经露出鱼肚白，太阳马上就要出来了他们还是没有找到。

蚂蚁兄弟努力寻找着各个角落，一不留神脚底被拌了一下，兄弟二人摔下了悬崖，那一瞬间兄弟二人显得格外镇静，并没有考虑到自己的危险，眼里噙着泪花，心中全是对妈妈的牵挂。幸运的是他们在摔下去的时候恰巧被崖壁上的一棵枯树挂住了衣服。蚂蚁兄弟虽然有些害怕，但是为了妈妈，兄弟俩坚定信念要活下去。幸亏山崖不是很陡，他们相互帮助离开枯树，向山上爬去，继续寻找三色花。

清晨的第一缕阳光照射了出来，照耀在崖壁上，崖壁上奇迹般地出现了四朵有三种颜色花瓣的花朵，在山雾的笼罩下，显得格外鲜艳。

此时兄弟二人喜出望外，大喊："妈妈有救了！"为了救自己的妈妈他们忘记了所有的痛苦和危险，终于赶在太阳升起前采集到了三色花蕊上的露珠。

蚂蚁兄弟带着采集到的露珠返回到家里，将露珠滴进妈妈的嘴里，半个时辰后奇迹真的发生了——蚂蚁妈妈得到康复。

不久后蚂蚁爸爸也回来了，从此他们一家在太阳村开始了新的生活。

胎教小博士经典点拨

故事的情节跌宕起伏，蚂蚁兄弟用坚持、勇敢战胜了一切困难，也治好了妈妈的病，充分体现了蚂蚁兄弟的善良、孝顺的品质，准妈妈在读故事的时候心中一定会有一些感动，母子连心，妈妈的心中感受也会被胎宝宝体会到。

玩玩简单数字小魔术

准妈妈在胎教的过程中要多开动脑筋，多思考，只有这样才能提升胎宝宝全方面的素质，有利于胎宝宝健康成长。

新年联欢会上，同学们一致要求教数学的李老师出一个节目。李老师微笑着走到讲台前说："我给你们表演一个数字魔术吧！"说完，李老师拿出一叠纸条，发给每人一张，并神秘地说："由于我教你们数学，所以你们脑子里的数也听我的话。不信，你们每人在纸条上写上任意4个自然数（不能重复），我保证能从你们写的4个数中，找出两个数，它们的差能被3整除。"

李老师的话音一落，同学们就活跃起来。有的同学还说："我写的数最调皮，就不听李老师的话。"不一会儿，同学们都把数写好了，但是当同学们一个个念出自己写的4个数时，奇怪的事果真发生了。同学们写的数还真听李老师的话，都让李老师找出了差能被3整除的两个数。

准妈妈你知道李老师数字小魔术的秘密吗？

答案

因为任意一个自然数被3除，余数只能有3种可能，即余0、余1、余2。如果把自然数按被3除后的余数分类，只能分为3类，而李老师让同学们在纸条上写的却是4个数，那么必有两个数的余数相同。余数相同的两个数相减（以大减小）所得的差，当然能被3整除，准妈妈是否算对了呢。

快乐孕期快乐胎教

准妈妈在孕期是否有时会感到很无趣呢？那么，来听听下面的小故事吧！

1.一个来做客的夫人非常奇怪她的小侄子为什么那么规矩。

"你真乖，你为什么这么听话呢？"

小侄子答道："因为妈妈答应给我买个玩具熊猫，如果我不嘲笑你那蒜头鼻子和煽风耳的话。"

2.父亲："你这么笨，真是个小猪猡！你知道小猪猡是什么吗？"

儿子："知道，它是猪的儿子。"

3.妈妈："小胖，你要睡觉了，为啥还要吃糖？"

小胖："你不是要我夜里睡得甜吗？"

提高SQ（心灵商）·美好事物多接触

SQ（心灵商）是一个人对外界事物进行客观认知和迅速做出反应能力的指数。通常认为智商（IQ）和情商（EQ）高低与一个人的发展成就是密切相关的。然而，在信息飞速发展变化的现代社会，这种观点也存在片面性。人生事业成功与否不再只单纯的取决于智商或情商，在这个瞬息万变的时代里，SQ（心灵商）的重要性对人一生尤为重要了，而准妈妈和胎宝宝相依为命，是心灵沟通的最佳时间。

 ### 自制壁挂花篮

准妈妈到孕晚期一般就很少出门活动了，此时在家中肯定很无聊，干点什么呢，不如动手制作花篮吧！

【准备工具】

雪碧饮料瓶2个，胶水，刻刀，剪刀。

【制作方法】

1. 将一只雪碧饮料瓶的绿色底套取下，剪成莲花状，翻转向下和瓶身粘成底座。
2. 在绿色底套上截取2厘米宽的绿色环，仍套在瓶身上。
3. 去掉瓶颈，在瓶上剪出13厘米长、8厘米宽的宽带一条，再剪3厘米宽的窄带若干条。
4. 用刻刀在3厘米宽的窄条上刻出花纹，然后将这些窄条向外翻折，由下向上插入绿色的环中。
5. 取另一只饮料瓶，利用瓶身，用剪刀剪出6片17厘米长的树叶。
6. 将花篮钉在墙上，插入叶子、鲜花，壁挂式花篮就做成了。

胎教小博士经典点拨

准妈妈选用的塑料瓶最好是容易弯曲成各种形状的材质，这样做出的形状比较自然。准妈妈还可以选用多种颜色的塑料瓶，这样壁挂小花篮的漂亮度会大大提升，这也是美育胎教的一部分，准妈妈可以时常自己动手制作一些东西，如给胎宝宝缝制小衣服、小玩具等。准妈妈怀着幸福的心情制作，这种美好的感觉也会传给胎宝宝。

静静聆听名曲，享受心灵相通

《春江花月夜》作为中国古典名曲之一，是民族音乐中的精华。它融入了一些哲学、美学的元素，对民族音乐有深远的影响，不仅追求中正平和、清微淡远的意韵美，崇尚自然、寄情山水，还追求"天人合一"、返朴归真的自然美等，被音乐界广泛融合和传承。

《春江花月夜》最早叫《浔阳箫鼓》。它原来并不是由多种民族乐器演奏的合奏曲，而是一首琵琶曲，该曲名取自唐代诗人白居易的诗作《琵琶行》中"浔阳江头夜送客"。尽管此曲与白居易的诗并无内在联系，但曲中的"皎皎空中孤月轮"等不少情景，却使人发出诗意的联想。后人依据乐曲的风格内容，更是直接借用了唐代诗人张若虚的同名诗作《春江花月夜》为该曲命名。可见此曲确实富有诗情画意、典雅精致。

➲ 准妈妈在聆听名曲的时候尽量能陶醉于音乐的氛围之中，感受乐曲的情感，才能让胎宝宝也受到感染。

胎教小博士经典点拨

准妈妈在聆听名曲的时候如果能陶醉于音乐的氛围之中，感受乐曲的情感，便能体验到丰富、真切的情感，或许还能使自身的心智都呈现出一种敞亮的状态，并且能捕捉到音乐的美妙，将画意、诗情与宇宙的奥秘和人生的哲理融为一体，创造出情景交融、玲珑透彻的诗境，从而再深层次地揭示出生生不息的生命意义，并把这种领悟传递给胎宝宝。

散文赏析塑造心灵美——《歌声》

昨晚中西音乐歌舞大会里"中西丝竹和唱"的三曲清歌，真令我神迷心醉了。

仿佛一个暮春的早晨，霏霏的毛雨默然洒在我脸上，引起润泽，轻松的感觉。新鲜的微风吹动我的衣袂，像爱人的鼻息吹着我的手一样。我立在一条白矾石的甬道上，经了那细雨，正如涂了一层薄薄的乳油；踏着只觉越发滑腻可爱了。

这是在花园里。群花都还做她们的清梦。那微雨偷偷洗去她们的尘垢，她们的甜软的光泽便自焕发了。在那被洗去的浮艳下，我能看到她们在有日光时所深藏着的恬静的红，冷落的紫，和苦笑的白与绿。以前锦绣般在我眼前的，现有都带了黯淡的颜色。——是愁着芳春的销歇么？是感着芳春的困倦么？

大约也因那的雨，园里没了郁的香气。涓涓的东风只吹来一缕缕饿了似的花香；

夹带着些潮湿的草丛的气息和泥土的滋味。园外田亩和沼泽里，又时时送过些新插的秧，少壮的麦，和成荫的柳树的清新的蒸汽。这些虽非甜美，却能强烈地刺激我的鼻观，使我有愉快的倦怠之感。

看啊，那都是歌中所有的：我用耳，也用眼，鼻，舌，身，听着；也用心唱着。我终于被一种健康的麻痹袭取了。于是为歌所有。此后只由歌独自唱着，听着；世界上便只有歌声了。

——朱自清《歌声》

胎教小博士经典点拨

《歌声》描写的印象风光就是作者向往的一个理想乡。朱自清从"歌声"联想起"一个暮春的早晨"。同时，音乐变成雨点洒落到作者的脸上，"引起润泽、轻松的感觉"。

接着，他的手感觉到"新鲜的微风"，他的脚感觉到"滑腻可爱的甬道"。这一段文章都是非常生动的触觉感受。

在接下来的描述里，散文给人的视觉留下深刻的印象，作者在"花园"看到五彩缤纷的"群花"，会让人身临其境。

最后，从听觉开始，依次唤起触觉、视觉、嗅觉，再回到听觉，不仅感情完整，而且表达的很自然，准妈妈多读这样优秀的散文，对于培养胎宝宝的文学情操是非常有好处的。

优秀电影观赏——功夫熊猫2

电影类型：动画2D+3D+IMAX

电影简介：

熊猫阿宝终于当上了"神龙大侠"，可谓过上了梦想中的日子，他和师傅以及盖世五侠——虎、鹤、螳螂、蛇和猴子——保卫着山谷中宁静的生活。

可是，好景不长，阿宝面临着一次新的、更加可怕的挑战，一个大恶人孔雀沈王爷，这位沈王爷来自凤凰城，因为凤凰的祖先发明了美丽的烟火，给人们带来了快乐，因此凤凰便成为了城的主人，一直延续至今。

沈王爷是凤凰城的继承人，却不满足于现状，他发现了烟火阴暗可怕的一面，并且野心勃勃。他的父母得知后，十分担忧，请来羊仙姑为沈王爷算上一卦。

由梦工厂出品的电影《功夫熊猫2》上映后在短时间便风靡全球，受到很多影迷喜爱。准妈妈可与胎宝宝一起欣赏这部优秀的电影。

羊仙姑预言：如果再这样下去，沈王爷迟早会惹大祸，而在那时，会有一名黑白相间的武士打败他。沈王爷便被赶出了家族，因此心中埋下了仇恨，有了报复心理，于是率手下捣毁了熊猫的村庄。而后来已经成为了神龙武士的熊猫阿宝，在一次与强盗的战争中隐约想起了自己的一点身世，带着对身世的迷惑，前去凤凰城阻止沈王爷，这时沈王爷得知这世上还有阿宝这只熊猫的存在，也在命令手下抓他，阿宝和"盖世五侠"潜入凤凰城，结果遭遇沈王爷军队的追击，最后阿宝不仅了解到了自己的身世，还在对亲人的痛苦中悟到了内部和平的真谛，还收获了来自于悍娇虎的爱情，终于打败了孔雀沈王爷。

胎教小博士经典点拨

功夫熊猫是一部大人、小孩都喜欢看的动画片，准妈妈不妨在家中空闲的时间看看这部片子，当胎宝宝一天天地长大，准妈妈的样子或许越来越像影片中的阿宝，而阿宝可爱的形象、风趣的语言也会给准妈妈带来很多快乐。准妈妈快乐了，腹中的胎宝宝自然能感觉得到。

成语故事美化宝宝心灵

望洋兴叹

在一条大河里，小鱼自由自在地游泳。它觉得这条河无限宽大，诗意大发，就唱到："大河，大河，我家，河宽二三丈，河长几十里，没有哪儿比这大。"

在大海里居住过的乌龟听到了小鱼的歌声，游过来说："你见过大海吗？大海才叫大，河水、湖水都装得下，三年五载游不到海对岸。"

小鱼听了小乌龟的话，说："我不相信，你是怎么知道海很大啊？"

小乌龟说："我带着你去看看。"于是小乌龟带着小鱼游了很久才来到大海里。

小鱼望眼看去，只见大海汪洋一片，无边无涯。

小鱼呆呆地看了一会儿，深有感触地对小乌龟说："我一直生活在大河里面，认为那里就是最大的，现在亲眼看到浩瀚无边的大海才知道，再大的河，与大海相比也很渺小啊！"

胎教小博士经典点拨

这则寓言旨在告诉我们，做人不要狂妄自大，更不能好高骛远。要明白，人外有人，天外有天的道理，改编的成语故事，也反映了这一点，虽然胎宝宝还很小，但是准妈妈偶尔读一下这些寓言故事，再给胎宝宝讲解一下，总是没错的。

亡羊补牢

羊圈夜晚被狼袭击了，丢了好几只羊，狗长官知道后非常难过，"要是早把羊圈的窟窿堵住就不会发生这样的事情了。"

狗军师说："长官，我们现在把羊圈的窟窿堵住也不晚。"

狗长官悲伤地说："羊都被狼吃了，还补什么羊圈啊？"

结果，这天晚上狼又来了，羊圈里又丢了两只羊。

狗军师说："长官，如果现在还不补的话以后狼还会来吃我们的羊。"

狗长官说："军师说得有道理，那我们什么时候开始补羊圈？"

狗军师说："越快越好，最好是现在动工，这样等到黑夜来临的时候就能把窟窿补好了。"

于是，狗长官率领着牧羊狗和一些强壮的羊开始动工补羊圈。

一天过去了，窟窿终于补好。

夜晚，狼又来到羊圈周围准备找窟窿进羊圈吃羊，可是怎么也找不到，只好悻悻而归。

从此，羊圈再也没有丢过一只羊。

胎教小博士经典点拨

这个成语故事告诉我们，人犯了错误，就要认真吸取教训，及时采取补救措施，以免继续错下去，遭受更大的损失。

要知道，心灵商的教育是从胎宝宝的时候就开始的，为了能把更加清晰、明确的信息传达给胎宝宝，准妈妈多读成语故事、多体会其中的内涵是非常有必要的。

经典诗歌鉴赏

唐宋诗词是传统艺术的瑰宝，是胎宝宝学习中国文化，锻炼胎宝宝心灵商、语言、记忆等能力的一个重要途径。下面的内容准妈妈可以多读，反复咀嚼，胎宝宝或许可以感受到这种意境美。

咏柳

【唐】贺知章

碧玉妆成一树高，
万条垂下绿丝绦。
不知细叶谁裁出，
二月春风似剪刀。

胎教小博士经典点拨

此诗借柳树歌咏春风，把春风比作剪刀，说杨柳是美的创造者，赞美杨柳裁出了春天。诗中洋溢着人逢早春的欣喜之情。比拟和比喻新奇贴切是此诗的成功之处，如果是在春天怀的宝宝，咏诵这首诗，更能让胎宝宝感受到万物复苏的美妙。

山居秋暝

【唐】王维

空山新雨后，天气晚来秋。明月松间照，清泉石上流。
竹喧归浣女，莲动下渔舟。随意春芳歇，王孙自可留。

胎教小博士经典点拨

全诗描绘了秋雨初晴后傍晚时分山村的旖旎风光和山居村民的淳朴风尚，表现了诗人寄情山水田园，对隐居生活怡然自得的满足心情，准妈妈不妨给胎宝宝阅读一下。

小池

【宋】杨万里

泉眼无声惜细流,树荫照水爱晴柔。
小荷才露尖尖角,早有蜻蜓立上头。

胎教小博士经典点拨

此诗通过对小池中的泉水、树阴、小荷、蜻蜓的描写,描绘了一种具有无限生命力的朴素、自然,而又充满生活情趣的生动画面,表现了诗人对生活的热爱之情。如果现在正是夏天,那么准妈妈咏上一首,有利于胎宝宝对美好事物的认知。

雪梅

【宋】卢梅坡

梅雪争春末肯降,骚人阁笔费评章。
梅须逊雪三分白,雪却输梅一段香。

胎教小博士经典点拨

此诗虽然是写冬天的景色,却处处透露春天将要来临,诗人认为如果只有梅花独放而无飞雪落梅,就显不出春光的韵味,若是有梅有雪而没有诗作,也会使人感到不雅。准妈妈在寒冷的冬季,或许会觉得很多不适,盼望着冬天赶快过去,不要着急,多欣赏一些冬天的美景,让心也暖和起来,那么,春天还会远吗?

著名童话故事欣赏

豌豆公主

从前有一位王子,他想找一位公主为妻,但是她必须是一位真正的公主。所以王子就走遍了全世界,想要寻找到真正的公主。可是无论到什么地方,他总是遇到一些困难。各国公主虽然有很多,但他没有办法确定她们究竟是不是真正的公主。就这样转了一大圈,王子只好回家,心中很不愉快,因为他是那么渴望娶到一位真正的公主。

一天晚上,忽然天空中电闪雷鸣,可怕的暴风雨来袭。真让人觉得害怕!这时,敲门声传来,老国王打开了城门。

站在城门外的是一位姑娘。可是,经过了风吹雨打的洗礼,她的样子是多么狼狈啊!雨水沿着她的头发和衣服向下流,流进鞋里,又从脚跟流出来。她说她是一位真正的公主。

"她是不是一位真正的公主,这点我们马上就可以考查出来。"王后心想,可是王后什么也没说。就走进卧房,把所有的被褥都搬开,在床榻上放了一粒豌豆。接着取出二十床垫子,把它们压在豌豆上。随后,她又在这些垫子上放了二十床鸭绒被。

王后对仆人说:"让这位公主夜里就睡在这些东西上面。"

早晨大家问公主昨晚睡得怎样。

"啊,不舒服极了!"公主说,"我差不多整夜没有合上眼!天晓得我床上有件什么东西!有一粒很硬的东西硌着我,弄得我全身发青发紫,这真可怕!"

此时大家便明白,她是一位真正的公主,因为压在这二十床垫子和二十床鸭绒被下面的一粒豌豆,她居然还能感觉得出来。除了真正的公主以外,任何人都不会有这么敏感的皮肤。

因此,王子就选这位公主为妻了。这粒豌豆也被送进了博物馆收藏。如果没有人把它拿走的话,人们现在还可以在那儿看到它呢。

胎教小博士经典点拨

准妈妈肚子中的胎宝宝是优雅的小公主还是调皮的小王子呢?准妈妈一定很想知道吧!不管是公主还是王子都是妈妈的宝贝,准妈妈可以时常给宝宝读安徒生的童话故事来想象他们的样子。

拇指姑娘的诞生

从前有一个女人,她非常希望有一个特别小的孩子,但是她不知道怎么能够得到这么小的孩子,于是她就去请教一位巫婆。

她对巫婆说:"我非常想要一个小小的孩子!你能告诉我怎么才能得到吗?"

"哈哈!这很容易啊!"巫婆说,"你把这颗大麦粒拿去吧,它可不是田里长出的那种大麦粒,也不是鸡吃的那种大麦粒。你把它埋在一个花盆里,不久就可以看到你所要的东西了。"

"谢谢您。"女人说。

她给了巫婆三个银币,就回到家里,种下那颗大麦粒。不久以后,长出来了一朵大红花。它看起来很像一朵郁金香,不过它的叶子紧紧地包在一起,好像仍旧是一个花苞似的。

"多么美的花啊!"女人感叹,同时在那美丽的、黄而带红的花瓣上吻了一下。当她正在吻的时候,花儿忽然"啪啦"一声绽开了。

女人惊喜地发现,这是一朵真正的郁金香。而在这朵花的正中央,在那根绿色的雌蕊上面,坐着一位娇小的姑娘,她看起来又白嫩,又可爱。她还没有大拇指的一半长,因此女人就唤她叫做拇指姑娘。

拇指姑娘的摇篮是一个光得发亮的漂亮的胡桃壳,她的垫子是紫罗兰的花瓣,她的被子是玫瑰的花瓣,这就是她晚上睡觉的地方。

白天拇指姑娘会在桌子上玩耍。在这桌子上,女人放了一个盘子,上面又放了一圈花儿,花的枝干浸在水里,水上浮着一朵很大的郁金香花瓣。拇指姑娘可以坐在这花瓣上,用两根白马尾作桨,从盘子这一边划到那一边,这样真是太美丽啦!她还能唱歌,而且唱得温柔且甜蜜,从前没有任何人听到过。

人人都喜欢这位美丽、快乐的拇指姑娘……

胎教小博士经典点拨

宝宝,你是不是渐渐喜欢上了妈妈所讲的故事?在妈妈讲故事的时候是否还拳打脚踢呢?相信宝宝偶尔的运动是对故事的喜欢,妈妈相信,今天讲的"拇指姑娘"跟宝宝一样,都是一朵美丽的"花朵"。

提高CQ（创意商）·动动手脑也不错

CQ（创意商）是打破传统、打破常规的思维模式，是引导人的思维升华的一种，是一种智能拓展，是破旧立新的创造与毁灭的循环，是宏观微照的定势，是点题造势的把握，是超越自我，超越常规的导引。有卓越创意商的人思维敏捷、能快速捕捉发展信息，并得出一个意想不到的结果，而这种结果往往都是非常超前的，且具有新颖性和创造性。宝宝创意商的高低与先天的胎教和后天的培养紧密相关。

 学学手工制作

"珠连珠"是串珠钩编很基础的钩编形式，它操作简单，易学易掌握；用不同颜色的珠子按这种方法就可以钩编出许多令人称道的包包，如下图：

1.先在钩编线上穿好所需数量的珠子，线头上挽一个活结。网片反面向上，从顶角的格穿出活结，向上跨一个格子钩上一个珠子后面的线，然后再隔一个格子钩上第二个珠子后面的线，最后把珠子固定在网片正面的网格中，如此反复，直到所需的长度即可完成第一步（图①、图②、图③）。

2."珠连珠"钩编方法的转弯是在转弯钩第二竖行时，在与第一竖行错开一个格的地方钩上一个珠子。也就是在第一竖行的空格子的直行中安排第二行的珠子（图④、图⑤、图⑥）。

3.按照以上方法，即在本行中隔一个格钩住一个珠子，在第二行错开一个格钩住珠子，这样反复钩满设计好的包。

4.整个包身钩好后，再钩好包的两侧堵头（图⑦、图⑧）。

5.长17个花珠、宽12个花珠即可卷成包的形状，然后缝上两侧堵头，安上金属包口就完成了包的制作（图⑨）。

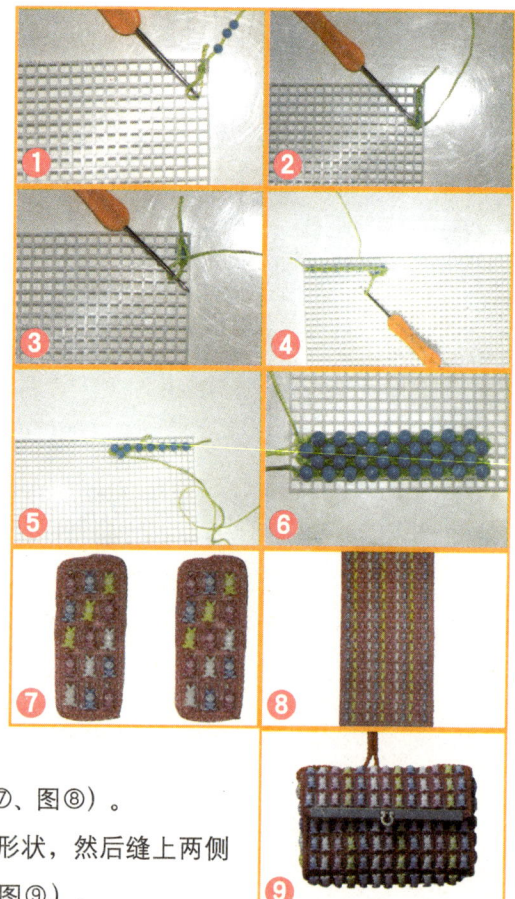

胎教小博士经典点拨

手工制作是提升准妈妈创意思维的好方法，准妈妈在思考、制作过程中能够将创造精神传递给胎宝宝。准妈妈在闲暇的孕期，为胎宝宝制作一个小钱包、小毛衣、小袜子或者为自己钩一个小包，都是不错的选择。

 嘴巴动起来，大脑转起来

大灰狼和小山羊

西边来了一只大灰狼，东边来了一只小山羊，
大灰狼和小山羊一起走到一座小桥上，
大灰狼不让小山羊，小山羊也不让大灰狼，
大灰狼叫小山羊让大灰狼，小山羊叫大灰狼让小山羊，
狼不让羊，羊也不让狼，
"扑通"一声，大灰狼和小山羊一起掉到河中央。

胎教小博士经典点拨

准妈妈是否喜欢绕口令呢？为了让胎宝宝得到很好的语言胎教，准妈妈不妨在平时来几句绕口令，上面的绕口令，有趣且生动，准妈妈就开始练习吧，也检测一下自己的语言能力。

谜语五则

1. 一个小姑娘，坐在水中央，身穿粉红衫，坐在绿船上。（打一植物）
2. 小货郎，不挑食，背着针，满地窜。（打一动物）
3. 脸儿亮光光，站在桌子上，妹妹跑过去，他给照个相。（打一用具）

答案：1.荷花 2.刺猬 3.镜子

胎教小博士经典点拨

猜谜语是开发大脑思维的最简单的方式，准妈妈经常猜谜语，说不定宝宝长大以后就是猜谜语的高手呢！

智力图形动手也动脑

巧摆图形

用13根火柴棍排成下面的图形，移动其中的4根火柴棍，使它变为有5个菱形，5个梯形，7个三角形的图形。准妈妈你知道怎么摆吗？

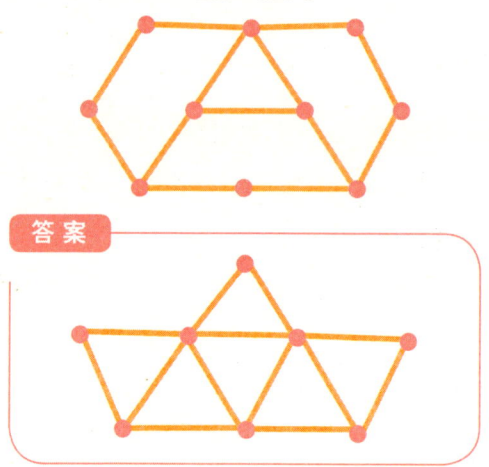

胎教小博士经典点拨

一根火柴棍的力量是强大的，或许这13根火柴棍还可以摆出其他的图形，准妈妈开动脑筋大胆地想象一下，或许腹中的胎宝宝现在也在思考呢？

图片与词语

准妈妈想知道你的审美水平怎么样吗？做下面的3道题或许能给你意想不到的答案。赶快做吧！

1.下面的三幅图，哪一幅最能体现词语"平衡"的意义？

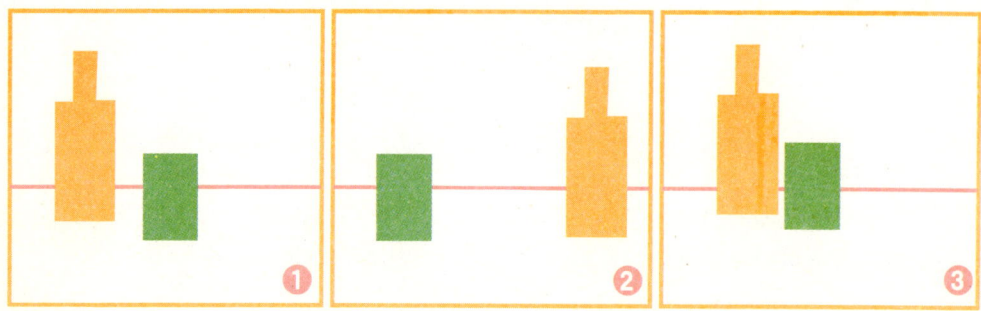

2.下面的图中,哪一幅最能体现词语"和谐"的意义?

3.下面的图中,哪一幅最能体现词语"舒服"的意义?

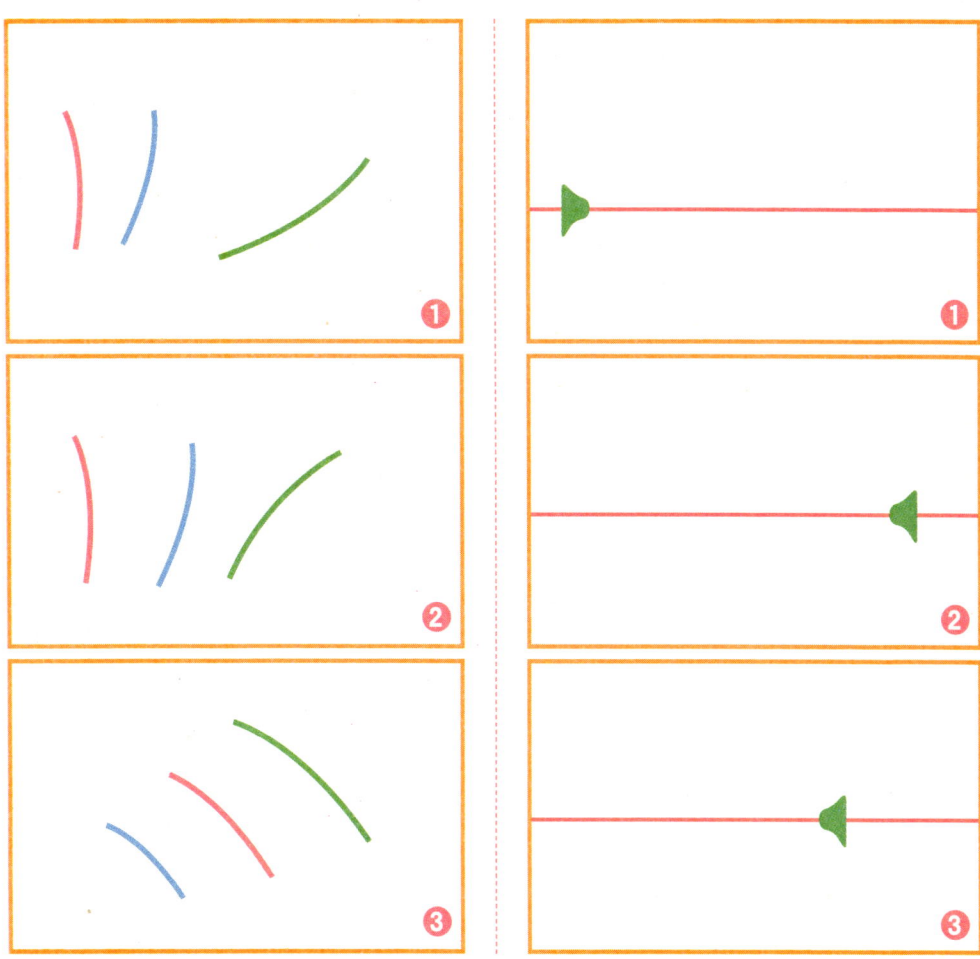

答案

1.③图,我们视觉上的平衡不是指几何上的平衡,而是美学上的平衡。

2.③图,"和谐"在这里指视觉上感觉到舒服,①和②给人的感觉比较孤单、凌乱。

3.①图,原理同答案2。

胎教小博士经典点拨

其实这些答案并非是唯一的。只有讲出道理来,准妈妈才能发散思维,扩大自己的想象力,从而说出更多更合理的答案,让胎宝宝的大脑也得到更好的发展。

仔细观察提升创意思维

任何创意的提出都不是孤立的，都是不断观察、不断思考得出的。

回环诗图

下面的内容是宋代诗人秦观写的一首回环诗。全诗共14个字，写在图中的外层圆圈上。读出来共有4句，每句7个字，准妈妈能把回环诗读出来吗？读出来写在图中的方框里。

答案

这首回环诗，要把圆圈上的字按顺时针方向连读，每句由7个相邻的字组成。第一句从圆圈下部偏左的"赏"字开始读；然后沿着圆圈顺时针方向跳过两个字，从"去"开始读第二句；再往下跳过三个字，从"酒"开始读第三句；再往下跳过两个字，从"醒"开始读第四句。四句连读，就是一首好诗：

赏花归去马如飞，
去马如飞酒力微。
酒力微醒时已暮，
醒时已暮赏花归。

胎教小博士经典点拨

相信每个准妈妈在上学的时候都背过很多的唐诗宋词，诗讲究的押韵、对称，准妈妈是否还记得？打开自己的思维，看看这首诗有什么特点，也要胎宝宝领悟一些中国诗歌的独特之处。

回文对联

有一家餐馆,店的名字是"天然居",里面有一副著名对联:客上天然居,居然天上客。

据说清代的乾隆皇帝把天然居这副回文对联两句并成一句,作为新的上联:客上天然居,居然天上客。

出对容易对对难,对出回文对联更难。以一副回文对联为上联,要能对出下联,可谓难上加难。

可是有位名叫纪昀的大臣,居然把下联对出来了。你知道纪昀的下联是什么吗?

答案:人过大佛寺,寺佛大过人。

胎教小博士经典点拨

每年春节的时候我们都要往家中的门上贴对联。对联格式严格,分大小词类相对。传统对联的形式相通、内容相连、声调协调、对仗严谨,是中华民族的文化瑰宝。如果过年的时候宝宝还没有出生,准妈妈也可以专门为胎宝宝创作一幅对联,既有纪念意义,又能体现妈妈对宝宝的爱。

玩转想象力，赶快来猜谜

想象力是创意的基础，准妈妈偶尔会想象宝宝的样子，何不把宝宝的样子描述出来？时间久了不仅能激发准妈妈的想象力，更能够感染胎宝宝。

同一字谜

传说，北宋大文学家苏轼，有一次到妹婿秦观家里去做客。苏小妹见哥哥来了，大摆酒席，热情招待。

饭后，秦观陪苏轼到花园小憩，忽然苏轼看见石桌上有一幅秦观的字谜画，上面写着：我有一物生得巧，半边鳞甲半边毛，半边离水难活命，半边人手命难保。

苏轼看完以后，对秦观说："妙，妙，妙！"于是随手提起笔来，也写了一个字谜：我有一物分两旁，一旁好吃一旁香，一旁眉山去吃草，一旁岷江把身藏。

写毕，秦观拍手道："真妙，真妙！"苏小妹听了，跑进书房，说："什么东西如此之妙？"俯身看罢，信口说道："我有一物长得奇，半身生双翅，半身长四蹄，长蹄的跑不快，长翅的飞不好。"

说完，苏轼、秦观异口同声地说："妙极了，妙极了！"他们三个人说的是同一个字谜，请大家猜猜，这字谜的谜底是什么字？

谜底：鲜

胎教小博士经典点拨

准妈妈乍一看或许还不明白这些大文豪诗句中隐藏的字谜是什么，但是仔细思考一下就会恍然大悟了。

鲁迅对奇联

凡读过鲁迅散文名篇《从百草园到三味书屋》的准妈妈,都会知道鲁迅少年时代,曾在三味书屋拜寿镜吾先生为师念私塾。寿老先生是一位正直、质朴、博学的人,不仅教学生念四书五经,还教学生对对子。由于对联源于律诗,讲究对仗,所以,在对对子时是很能见出才思之高下的。

一天,寿老先生又开始教学生对对子了。老先生出了一奇对上联:"独角兽。"要求他的学生对出下联,一时引得学生们跃跃欲试,纷纷答出下联:"两头蛇""三足蟾""九头鸟""百足虫"……

由于先生出的上联"独角兽"之"独"字,是一非数字而又蕴含"单"意的字,所以须用一非数字而又蕴含"双"意的字去对,才称得上是对联中的上乘。鲁迅当即对出,受到老先生的赞许,请问准妈妈,鲁迅对的下联是什么?

答案:比目鱼

胎教小博士经典点拨

鲁迅能对出对子,不仅是因为他的才华,更得益于他超人的想象力,准妈妈在做这道题的时候或许还有许多其他的答案。尽情地发挥你的想象力吧!或许你有比这个更好的答案。

大脑思维转转转

大脑思维的灵活程度,取决于是否爱动脑筋,喜欢动脑筋的人思维往往都很敏捷,准爸爸、准妈妈勤思考,生出来的宝宝往往也喜欢动脑筋。

调皮的小顾客

有个调皮的小顾客,走进了一家水果商店,他见那个营业员是一位年轻的小伙子,买水果时故意不把名称说出来。

营业员见小顾客走近柜台,笑着说:"小朋友,你要买什么?"

小顾客说:"肉包骨的买三种,骨包肉的买两种,皮包肉的买一种。"

营业员问他各买多少?

小顾客说:"开口听不得。"

营业员按照他的要求称好后,拿起算盘噼里啪啦边算边念:"七加八,八加七,九加一十一,凑个二十三,还要二十七。一二三四五,六七八九十。"

小顾客计算好把钱给了营业员,满意地走了。

那么准妈妈你知道小顾客买了六种什么东西?每样买多少?一共多少钱?

答案

皮包肉:香蕉;骨包肉:开心果、核桃;肉包骨:葡萄干、石榴、苹果。每样买了4斤,一共花了155元。

胎教小博士经典点拨

小顾客很顽皮也很聪明,准妈妈是不是也想生一个和小顾客一样聪明的宝宝呢,那么就从现在开始多动脑筋吧!

有趣算式题——春夏秋冬

准妈妈小李遇到了一道有趣的算式题,题目是这样的:

春夏 × 秋冬 = 夏秋春冬

春冬 × 秋夏 = 春夏秋冬

上述算式中春、夏、秋、冬分别代表四个不同的数字,你能算出它们各代表什么数字吗?

答案:春=2,夏=1,秋=8,冬=7

胎教小博士经典点拨

此道题的题目本来就是非常有趣的，准妈妈刚接触的时候或许会云里雾里的，但是仔细推敲后就会发现其中的奥妙，生活中有许多事情都是可以转变思维方式的，把春夏秋冬做成一道数学题也算是一个小小的创意。

脑筋急转弯十则

1.有一个大人，带着一个小孩上街。路上，碰到了一位同事，同事指着孩子问大人："这是你的亲生儿子吗？"孩子回答说："是的。"同事又指着大人问孩子："这是你的亲生父亲吗？"大人回答："不是。"同事笑着说："大人孩子都不笨，回答的都很正确。"请问，大人和孩子是什么关系？

2.别人问阿丹她的衣服怎么没衣扣，她却不在乎，为什么？

3.电车时速80公里，向北行驶。有时速20公里的东风，请问电车的烟，朝哪个方向吹？

4.一只凶猛的饿猫，看到老鼠，为何却拔腿就跑？

5.公共汽车上，两个人正在热烈地交谈，可旁边围观的人却一句话也听不到，这是为什么？

6.什么鞋子，你绝不会穿着它去逛街？

7.有一个字，每个人都会念错，这是什么字呢？

8.有一样东西，你只能用左手拿它，右手却拿不到，这是什么东西？

9.有一位大师武功了得，他在下雨天不带任何防雨物品出门，全身都被淋湿了，可是头发一点没湿，怎么回事？

10.数字0到1之间加一个什么号，才能使这个数比0大，而比1小呢？

答案

1.母子关系。 2.因为她的衣服只有拉链，没有扣子。 3.电车是没有烟的。 4.去追老鼠。 5.这是一对聋哑人。 6.溜冰鞋。 7.错。 8.右手。 9.他没有头发。 10.加个"."，成为0.1。

胎教小博士经典点拨

脑筋急转弯的答案往往很出乎意料，却又在情理之中，准妈妈在猜脑筋急转弯的时候不要左思右想，往往在大脑中出现的第一个答案很有可能就是正确的。

图书在版编目(CIP)数据

80后小夫妻的满分胎教/梁毓编著.
—北京：中国人口出版社，2012.3
(母婴悦读汇)
ISBN 978-7-5101-1093-1

Ⅰ.①8… Ⅱ.①梁… Ⅲ.①胎教-基本知识 Ⅳ.①G61

中国版本图书馆CIP数据核字（2012）第033401号

80后小夫妻的满分胎教
梁毓　编著

出版发行	中国人口出版社
印　　刷	北京朝阳新艺印刷有限公司
开　　本	720毫米×1020毫米　1/16
印　　张	14
字　　数	200千字
版　　次	2012年3月第1版
印　　次	2012年3月第1次印刷
书　　号	ISBN 978-7-5101-1093-1
定　　价	22.80元
社　　长	陶庆军
网　　址	www.rkcbs.net
电子信箱	rkcbs@126.com
电　　话	(010) 83534662
传　　真	(010) 83519401
地　　址	北京市宣武区广安门南街80号中加大厦
邮　　编	100054

版权所有　侵权必究　质量问题　随时退换